FRANCESC MIRALLES | HÉCTOR GARCÍA

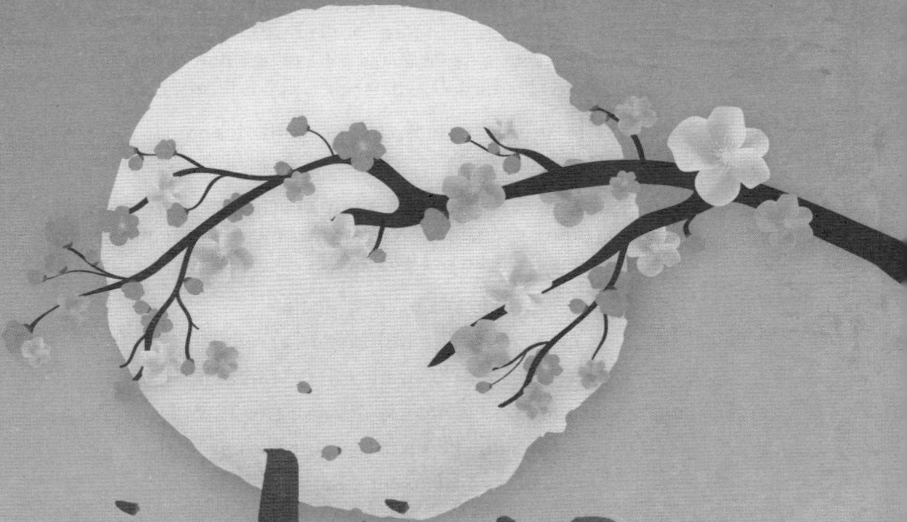

ichigo-ichie

一期一会

A arte japonesa de transformar cada
instante em um momento precioso

Título original: Ichigo-ichie

Copyright © 2019, Héctor García (Kirai) e Francesc Miralles
Copyright © 2019, Penguin Random House Grupo Editorial,
S.A.U. Travessera de Gràcia, 47-49. 08021 Barcelona
Copyright da tradução © 2019 por GMT Editores Ltda.

Os direitos de tradução foram acordados com
Sandra Bruna Agencia Literaria, SL

Todos os direitos reservados. Nenhuma parte deste livro pode ser utilizada ou reproduzida sob quaisquer meios existentes sem autorização por escrito dos editores.

tradução: Beatriz Medina
preparo de originais: Tássia Carvalho
revisão: Sheila Louzada e Taís Monteiro
projeto gráfico, diagramação e adaptação de capa: Ana Paula Daudt Brandão
capa: Sanneke Vlam, www.sproud.nl
impressão e acabamento: Bartira Gráfica

CIP-BRASIL. CATALOGAÇÃO NA PUBLICAÇÃO
SINDICATO NACIONAL DOS EDITORES DE LIVROS, RJ

G199i

García, Héctor
    Ichigo-ichie/ Héctor García e Francesc Miralles; tradução de Beatriz Medina. Rio de Janeiro: Sextante, 2019.
    176 p.: il.; 14 x 21 cm.

    Tradução de: Ichigo-ichie
    Inclui bibliografia
    ISBN 978-85-431-0741-7

    1. Filosofia japonesa. 2. Aconselhamento filosófico. 3. Estilo de vida. I. Miralles, Francesc. II. Medina, Beatriz. III. Título.

19-56068
    CDD: 181.12
    CDU: 17(520)

Todos os direitos reservados, no Brasil, por
GMT Editores Ltda.
Rua Voluntários da Pátria, 45 – 14º andar – Botafogo
22270-000 – Rio de Janeiro – RJ
Tel.: (21) 2538-4100
E-mail: atendimento@sextante.com.br
www.sextante.com.br

Sumário

Em uma antiga casa de chá — 9
Ichigo-ichie — 13

PARTE I A beleza do efêmero — 23
Kaika e *mankai* — 25
E você, onde vive? — 37
Zensações — 49
Dukkha e *mono no aware* — 59
O destino depende de um instante — 69

PARTE II Viver o *Ichigo-ichie* — 81
A cerimônia da atenção — 83
A arte de escutar — 97
A arte de olhar — 103
A arte de tocar — 109
A arte de saborear — 115
A arte de cheirar — 121

PARTE III A pequena escola do *Ichigo-ichie* 127
A arte das festas 129
Atenção plena coletiva 139
Para voltar ao agora 147
O que aconteceria se...? 157
A fórmula do *Ichigo-ichie* 161
Os dez princípios do *Ichigo-ichie* 165

Agradecimentos 171
Bibliografia 173

"Antes de se dedicar ao estudo dos textos sagrados e entoar incessantemente os sutras, o estudante deve aprender a ler as cartas de amor mandadas pela neve, pelo vento e pela chuva."

MESTRE IKKYU

Em uma antiga casa de chá

Na tarde em que este livro estava prestes a nascer (embora ainda não soubéssemos disso), caiu uma tempestade sobre as avenidas de Gion. No coração de Quioto, lar das últimas gueixas e outros mistérios, nos refugiamos em uma *chashitsu* – uma casa de chá – que estava deserta por causa do temporal.

Sentados a uma mesa baixa ao lado da janela, nós, os futuros autores deste livro, observávamos a torrente que descia a rua estreita, arrastando pétalas de *sakura* das cerejeiras em flor.

A primavera avançava rumo ao verão, e logo não restaria nenhuma daquelas pétalas brancas que provocam furor nos japoneses.

Uma anciã de quimono nos perguntou o que queríamos, e escolhemos a variedade mais especial do cardápio: um *gyokuro* de Ureshino, uma cidade ao sul do país conhecida por produzir o melhor chá do mundo.

Enquanto esperávamos pela chaleira fumegante e pelas xícaras, trocamos impressões sobre a antiga capital do Japão. Era maravilhoso saber que, nas colinas que rodeavam aquela cidade, já houve cerca de dois mil templos.

Depois, passamos a escutar em silêncio o fragor da chuva contra as pedras da calçada.

Quando a velha senhora retornou com a bandeja, a fragrância do chá nos arrancou daquela doce e breve letargia. Erguemos as xícaras para apreciar o verde intenso da infusão antes de nos regalar com o primeiro gole, amargo e doce ao mesmo tempo.

Naquele momento, uma jovem com um guarda-chuva passou de bicicleta lá fora e nos ofereceu um sorriso tímido antes de sumir na rua sob a tempestade.

Foi então que levantamos os olhos e vimos uma placa de madeira marrom-escura que pendia do teto e trazia a inscrição:

一期一会

Enquanto o vento úmido fazia soar uma sineta pendurada no beiral da casa de chá, passamos a decifrar aqueles ideogramas, pronunciados *Ichigo-ichie*, cujo sentido – "*o que estamos vivendo agora não se repetirá nunca mais*" – evidenciava o fato de cada momento ser um belo tesouro.

Essa mensagem descrevia com perfeição o que vivíamos naquela tarde chuvosa na velha Quioto.

Começamos, então, a falar sobre outros momentos impossíveis de se repetir, como aqueles que talvez tivéssemos deixado passar por estarmos ocupados demais com o passado, o futuro ou mesmo as distrações do presente.

Um estudante com a mochila nas costas, caminhando

sob a chuva e conversando ao celular, representava claramente essa situação e nos fez pensar em uma frase de Henry David Thoreau: "Não podemos matar o tempo sem ferir a eternidade."

Naquela tarde de primavera, com um lampejo de inspiração, entendemos algo que nos faria refletir pelos meses seguintes. Na época da dispersão absoluta, da cultura do instantâneo, da falta de escuta e da superficialidade, há, dentro de cada pessoa, uma chave capaz de abrir novamente as portas da atenção, da harmonia e do amor à vida.

Essa chave se chama *Ichigo-ichie*.

No decorrer destas páginas, vamos dividir uma experiência única e transformadora: aprender a tornar cada instante o melhor momento da vida.

HÉCTOR GARCÍA E FRANCESC MIRALLES

Ichigo-ichie

Os caracteres que formam o conceito central deste livro não apresentam equivalência exata em nossa língua, mas veremos duas interpretações que nos permitirão compreendê-lo.

É possível traduzir *Ichigo-ichie* como "*uma vez, um encontro*" ou "*neste momento, uma oportunidade*". O que se quer transmitir é o fato de que cada encontro, cada experiência vivenciada, é um tesouro único que nunca se repetirá da mesma maneira. Portanto, se o deixarmos escapar sem desfrutá-lo, ele estará perdido para sempre.

一期一会

Cada um dos quatro caracteres significa:
一 (um / uma)
期 (período) / (vez)
一 (um / uma)
会 (encontro / oportunidade)

As portas de Shambala

Uma lenda tibetana ilustra o conceito de *Ichigo-ichie* de maneira muito lúcida. Dizem que um caçador perseguia um cervo além dos cumes gelados do Himalaia quando encontrou uma enorme montanha com uma divisão no meio, permitindo que se visse o que havia do outro lado.

Junto à abertura, um ancião de barba longa acenou para que o caçador se aproximasse para olhar.

Obedecendo, o homem passou a cabeça pela fenda vertical, grande o suficiente para a passagem de uma pessoa, e perdeu o fôlego com o que viu.

Do outro lado da abertura havia um jardim fértil e ensolarado, a perder de vista. Crianças brincavam felizes entre árvores carregadas de frutas, e os animais andavam livremente por aquele mundo repleto de beleza, serenidade e abundância.

– Gosta do que vê? – perguntou o ancião ao perceber o assombro do homem.

– Claro que gosto. Isso... só pode ser o paraíso!

– É, sim, e você o encontrou. Por que não entra? Aqui poderá viver feliz pelo resto da vida.

Exultante, o caçador respondeu:

– Entrarei, mas antes quero buscar meus irmãos e amigos. Voltarei logo com eles.

– Como quiser, mas veja bem: as portas de Shambala se abrem uma única vez – advertiu o ancião, franzindo ligeiramente a testa.

– Não vou demorar – informou o caçador antes de sair correndo.

Entusiasmado pelo que acabara de ver, o homem refez o caminho que o levara até ali, cruzando vales, rios e montes, até chegar à aldeia, onde comunicou a descoberta aos dois irmãos e a três amigos que o acompanhavam desde a infância.

O grupo partiu com rapidez, guiado pelo caçador, e, antes que o sol se pusesse no horizonte, eles chegaram à alta montanha que dava acesso a Shambala.

No entanto, a passagem havia se fechado e não voltaria a se abrir.

Assim, o descobridor daquele mundo maravilhoso teve que continuar caçando pelo resto da vida.

Agora ou nunca

As escrituras budistas utilizam a primeira parte da palavra *Ichigo-ichie* (一期) para se referir ao tempo que passa desde o momento em que nascemos até nossa morte. Como no conto tibetano apresentado, a oportunidade ou o encontro com a vida é o que se oferece agora. Se não o aproveitar, você o perderá para sempre.

Como prega o ditado, só se vive uma vez. Assim, cada momento é uma porta de Shambala que se abre, e não haverá outra oportunidade de cruzá-la.

Isso é algo que todos nós, como seres humanos, sabemos,

mas acabamos esquecendo quando nos deixamos consumir pelos afazeres e pelas preocupações do dia a dia.

Assim, tomar consciência do *Ichigo-ichie* nos ajuda a tirar o pé do acelerador e recordar que cada manhã, cada encontro com nossos filhos, cada momento com nossos entes queridos é infinitamente valioso e merece toda a nossa atenção.

Não sabemos quando a vida termina. Cada dia pode ser o último, pois, ao se deitar, ninguém é capaz de assegurar que voltará a abrir os olhos.

Segundo consta, há um mosteiro na Espanha onde os monges, toda vez que se encontram no corredor, dizem uns aos outros: "Recorde, irmão, que um dia você vai morrer." Isso os deixa com uma consciência permanente do agora que, em vez de causar tristeza ou inquietação, os leva a desfrutar plenamente cada instante.

Como diz Marco Aurélio em suas *Meditações*, o drama da existência não é morrer, mas *nunca ter começado a viver*.

Nesse sentido, o *Ichigo-ichie* representa um convite muito adequado à filosofia do "agora ou nunca", pois, ainda que vivamos muitos anos, a essência de cada momento é única e não se repetirá.

Podemos nos encontrar com as mesmas pessoas no mesmo lugar, mas estaremos mais velhos, nossa situação e nosso humor serão diferentes, teremos outras prioridades e experiências. O universo está em constante mudança, e nós também. Por isso, nada acontecerá novamente do mesmo modo.

Origens da expressão

O primeiro registro escrito do *Ichigo-ichie* consta de um caderno de anotações do mestre do chá Yamanoue Soji, em 1588, no qual se lia:

> "Deverá tratar teu anfitrião como se o encontro só ocorresse uma única vez durante tua vida."

Se usássemos a expressão japonesa central deste livro, a frase poderia ser escrita da seguinte maneira: *"Trata teu anfitrião com* Ichigo-ichie."

Quando incluiu essa frase em seu caderno, Yamanoue Soji estava registrando o que aprendia sobre a cerimônia do chá sob a tutela do mestre Sen no Rikyu, considerado um dos fundadores do *wabi-cha*, estilo que enfatiza a simplicidade acima de tudo.

No entanto, para exprimir o conceito, Soji recorreu ao japonês antigo e usou os símbolos 一期一度, que, embora quase iguais ao original 一期一会, apresentam diferença no último caractere, cujo significado é "vez", e não "encontro".

Essa importante mudança nos permite entender o caráter único de cada momento para além da cerimônia do chá, à qual dedicaremos um capítulo inteiro a fim de entender sua profundidade filosófica.

O "AGORA" EM QUESTÃO

"Cada cerimônia do chá implica grande atenção aos detalhes, porque é *Ichigo-ichie*, ou seja, um encontro único no tempo. Mesmo que o anfitrião e os convidados se vejam todos os dias, o momento que viverão nunca se repetirá.

Se tivermos consciência de que cada momento é extraordinário, perceberemos que cada encontro constitui uma ocasião única em nossa vida.

Portanto, o anfitrião deverá mostrar verdadeira sinceridade e dedicar o máximo esforço a cada detalhe para se assegurar de que tudo flua de maneira graciosa e sem problemas.

Os convidados também têm que entender que aquele encontro nunca mais ocorrerá, e por isso é preciso não apenas apreciar todos os detalhes da cerimônia preparada pelo anfitrião, como também, naturalmente, participar dela com todo o coração.

É a isso que me refiro quando uso a expressão *Ichigo-ichie*."

Ii Naosuke, "grande ancião" do xogunato Tokugawa
Chanoyu Icheshu (1858)

Uso atual da expressão *Ichigo-ichie*

Hoje em dia, fora do contexto da cerimônia do chá, os japoneses utilizam a expressão *Ichigo-ichie* em duas situações:
- quando há um primeiro encontro com alguém;
- em encontros com pessoas já conhecidas, quando querem enfatizar que cada vez é única.

Por exemplo, suponha que você esteja perdido nas ruas de Quioto e, ao pedir ajuda, encontre uma pessoa que morou na sua cidade por um tempo e converse com ela por cerca de dez minutos. O uso de *Ichigo-ichie* seria uma boa forma de se despedir, pois assim você demonstraria que aquele foi um encontro prazeroso que não se repetirá no futuro.

O segundo uso assemelha-se mais ao que vimos na cerimônia do chá. Dirigido a amigos com quem nos encontramos várias vezes, pretende enfatizar que cada encontro é especial e único. Conforme a vida passa, todos crescem e se transformam. Como dizia Heráclito, *"ninguém se banha duas vezes no mesmo rio, porque tudo muda, no rio e em quem se banha"*.

Assim, a finalidade de ambos os usos da expressão é mostrar gratidão e apreciar o momento que compartilhamos na vida. Além disso, ela também possui uma pitada de nostalgia e nos recorda que nossa passagem pelo mundo é transitória, como o ritual dos monges do qual falamos. O *Ichigo-ichie* nos torna conscientes de que cada encontro pode ser o último.

Caçadores de momentos

Além de apresentar muitos aspectos fascinantes da cultura japonesa ligados ao *Ichigo-ichie*, o objetivo deste livro é lhe ensinar a criar e viver momentos inesquecíveis, consigo mesmo e com os outros.

Como veremos nos próximos capítulos, o cultivo e a prática do *Ichigo-ichie* nos permitirão levar uma vida mais realizada e feliz, sem que arrastemos as pedras do passado nem as angústias do futuro. Aprenderemos a viver o presente com plenitude, reconhecendo e apreciando o que ele nos oferece a cada instante.

Quando terminarmos esta viagem juntos, teremos nos transformado em caçadores de bons momentos. Saberemos capturá-los para desfrutá-los como são: únicos e especiais.

Há uma tirinha muito bonita do Charlie Brown em que ele e Snoopy estão de costas, sentados no cais diante de um lago, e falam o seguinte:

– Um dia vamos morrer, Snoopy.

– Claro, Charlie Brown, mas não nos outros dias.

O sentido dessa última frase vai além da piada.

Não sabemos em que dia deixaremos este mundo, e é bom que seja assim. No entanto, a maneira como viveremos os "outros dias" – todos aqueles em que estamos vivos – depende de nós. E os dias são feitos de encontros e momentos que podemos deixar passar ou tornar inesquecíveis.

Isso nos lembra o fim do épico *Boyhood*, filme que Richard Linklater realizou, com os mesmos atores, ao longo de doze anos, a fim de que o espectador visse a vida passar diante dos próprios olhos. No decorrer de 165 minutos, vemos Mason, um menino que no início do filme tem 6 anos, filho de pais separados, crescer e viver experiências até começar a universidade.

Depois de Mason superar muitas dificuldades, o filme o mostra em uma viagem ao campo com os colegas de faculdade. O menino, que se transformou em um rapaz sensível e inteligente, admira o pôr do sol ao lado de uma moça que, acreditamos, será importante para ele.

– Sabe aquela história de *capturar o momento*? – pergunta ela, muito emocionada. – Não sei... começo a pensar que é o contrário, que *o momento nos captura*.

Já se discutiu bastante o significado dessa cena, cuja relação com a filosofia japonesa do *Ichigo-ichie* é bastante notável.

Quando nos tornamos caçadores de momentos, tudo acaba sendo único e sublime, porque temos o privilégio de saber que *o que estamos vivendo agora não se repetirá nunca mais*.

PARTE I

A beleza do efêmero

Kaika e mankai

As pessoas que conhecem o país do sol nascente sabem que os dias mais bonitos do ano acontecem na primavera, quando as *sakura*, as cerejeiras japonesas, florescem.

Nas ilhas subtropicais de Okinawa, onde realizamos as pesquisas para nosso livro anterior, *Ikigai* (em japonês, "razão de ser"), os primeiros brotos (*kaika*) florescem em janeiro, mas, nas grandes cidades do Japão, a florada acontece entre o fim de março e meados de abril, estendendo-se até maio no clima frio da ilha de Hokaido.

A cada ano, os japoneses acompanham com grande interesse as previsões de quando a *sakura* mostrará suas pétalas brancas, que, além da beleza, possuem uma simbologia que será vista ainda neste capítulo. A chamada "frente da *sakura*" avança do sul para o norte, e cada cidade tem sua árvore de referência para anunciar o início do que se transformou em uma festa da natureza, da qual toda a população participa.

No Japão, há 96 árvores de referência – ou "índices" – que marcam o início do *kaika*. A de Quioto, por exemplo, localiza-se no jardim do órgão meteorológico da cidade. Toda manhã, um funcionário verifica se os brotos se abriram. No dia em que isso acontece, a notícia se espalha pelo país.

Hanami

Quando as previsões de florescimento (*sakura zensen*) se cumprem, os japoneses se dirigem imediatamente aos parques para o ritual do *hanami*, ou seja, "ver as flores".

Se visitarmos um jardim nesse momento, encontraremos grupos inteiros de trabalhadores sob as cerejeiras em flor, famílias passeando entusiasmadas e casais de namorados tirando fotos com a *sakura* ao fundo.

Essa celebração da natureza e da renovação da vida – e das esperanças – é tão antiga que algumas crônicas afirmam que os festivais de *hanami* já existiam no século III de nossa era.

A comemoração se estende até depois do pôr do sol, no chamado *yozakura*, ou "cerejas da noite". No entardecer, acendem-se as tradicionais lanternas penduradas nas árvores, o que confere aos parques e jardins um clima mágico típico dos desenhos animados.

Casais e grupos de amigos se sentam sob a *sakura* noturna com um copo de saquê na mão e alguns petiscos para desfrutar o momento, uma experiência *Ichigo-ichie*, sem dúvida, pois quando caírem as pétalas, duas semanas depois, será preciso esperar um ano inteiro para que esse fenômeno ocorra novamente – se tivermos a sorte de continuarmos aqui.

A *sakura* é a prova visível de que as coisas mais belas da vida são fugazes e não admitem ser postergadas.

A celebração das cerejeiras em flor começa oficialmente com o *kaika*. A flor se abre por completo ao fim de uma

semana, alcançando o chamado *mankai*, isto é, "momento exato em que a flor da *sakura* está plenamente aberta".

As pétalas começam a cair das cerejeiras uma semana depois, ou antes disso, se houver rajadas de vento ou chuva, como ocorreu durante nossa visita à antiga Quioto.

Esse momento também é apreciado pelos japoneses, que inclusive têm a palavra *hanafubuki* para descrever uma tempestade de pétalas de *sakura*, um momento sublime que exprime a beleza e a poesia do efêmero.

A magia do *kaika*

Em outro livro nosso, *Shinrin-yoku*, mencionamos a história extraordinária de Hikari Oe. Portador de uma grave deficiência, o filho do Prêmio Nobel de literatura descobriu a música ao escutar (e reproduzir) o canto de um pássaro enquanto passeava no parque com os pais.

Esse seria um momento tipicamente *kaika*, quando começa a florescer dentro de nós algo que desconhecíamos.

Há muita magia no início de uma nova paixão, embora o momento às vezes aconteça em lugares nem um pouco poéticos.

Dan Brown, por exemplo, conta que jamais pensara em escrever até encontrar um livro abandonado em uma rede antes ocupada por outro hóspede, no hotel onde passava as férias.

Embora estivesse viajando com a esposa, sentia-se extremamente entediado, e aquele romance – *O juízo final*, de Sidney Sheldon – o salvou.

Assim que voltou para casa, decidiu que também escreveria um livro de suspense e se pôs a trabalhar tomado pelo *kaika*. Ele escreveu *Fortaleza digital* e, anos depois, lançou *O código Da Vinci* – livro que conquistou o mundo inteiro e tornou Dan Brown milionário.

O *kaika* também está muito presente em inícios de romance. Como a flor de cerejeira que se abre inaugurando a primavera, alguém que nunca tinha nos chamado a atenção de repente nos encanta e se transforma no centro de nossa vida.

Nos misteriosos campos do amor, esse florescimento pode acontecer pelos mais diferentes motivos. O que faz a gente se apaixonar por uma pessoa?

Quando perguntamos sobre esse momento inesquecível, em que um novo mundo se abre, ouvimos coisas como:

- "Na primeira vez que ouvi sua voz, perdi o fôlego."
- "Seu jeito de olhar, tímido e, ao mesmo tempo, profundo, fez com que eu desejasse conhecê-la melhor."
- "Encantei-me com a delicadeza com que ela me ajudou quando mais precisei."

Todos esses momentos representam *Ichigo-ichie*, instantes únicos que, se soubermos capturar e valorizar, podem iluminar o resto de nossa vida.

A fórmula do *mankai*

Quando o *kaika* é transformador, desejamos convertê-lo em *mankai*, isto é, esperamos que amadureça e que aquilo que nasceu em nós se abra em toda sua plenitude, como nos exemplos a seguir.

- A pessoa apaixonada que decide regar diariamente o jardim da relação para evitar que ela murche.

- O escritor iniciante que, depois de conceber a ideia de um livro, marca um horário para avançar todos os dias na escrita até terminá-lo.
- A tenacidade do empreendedor que quer que seu projeto dê certo e busca constantemente formas de melhorar e inovar.

Quando se fala da maratona para transformar uma ideia ou vocação em excelência, é comum mencionar a regra das 10 mil horas de Malcolm Gladwell para ir do *kaika* ao *mankai*.

No livro *Fora de série*, o jornalista britânico comprova seu cálculo de horas – o "número mágico da grandeza" – citando personalidades conhecidas e seus grandes feitos. Por exemplo:

- Bill Gates começou a programar aos 10 anos, já no Seattle Institute. Dez mil horas depois, conseguiu revolucionar o mundo da informática.
- Os Beatles completaram as 10 mil horas até a excelência durante os dois anos em que tocaram em boates de Hamburgo, oito horas por dia, até voltar a seu país e arrasar com "Love Me Do".

O estudo de Gladwell concluiu que genialidade não basta; é preciso investir muito esforço e constância para que o talento desabroche em todo o seu esplendor.

FORJADORES DE ESPADAS

A atenção aos detalhes e a paciência dos japoneses são visíveis em sua disciplina. Um dos casos mais conhecidos é o restaurante de sushi de Jiro, que, apesar de se localizar no metrô de Ginza, é considerado o melhor do mundo. O filho do proprietário treinou por várias décadas até fazer um bom *tamago* (omelete para sushi).

Muitas das artes japonesas não possuem escolas que ensinem seus segredos; o conhecimento é transmitido de mestre a discípulo. Isso ocorre principalmente com os forjadores de katanas, entre outras espadas japonesas.

Hoje, restam trezentos espadeiros em atividade no país, mas só trinta vivem exclusivamente do ofício. Cada um deles tem discípulos que trabalham sob sua tutela a fim de que a arte de produzir fios cortantes não se perca.

Forjar espadas não é algo que se aprenda por meio de um livro ou do estudo. Para adquirir o ofício, é necessário permanecer pelo menos dez anos sob a tutela de um mestre. É um período maior do que o de qualquer carreira universitária!

Por que é tão difícil forjar uma boa katana? Não entraremos em detalhes, mas o processo para conseguir um bom aço é tão complicado quanto elaborar uma boa omelete para sushi – ou mais.

Um dos aspectos mais apreciados da técnica envolve

a pouca quantidade de carbono utilizada para preservar as propriedades do aço. As melhores lâminas de espadas japonesas têm apenas de 1% a 1,2% de carbono. Conseguir isso é dificílimo. Os mestres sabem quando se chega a esse nível por meio da intuição, depois de deixar a peça no forno a temperaturas entre 1.200 °C e 1.500 °C durante três dias. Na tradicional espada japonesa não há nada supérfluo, por isso ela simboliza a força, a perseverança e a simplicidade. Decorre daí o empenho para conseguir o melhor material e forjar a espada com o martelo a fim de se obter a maior densidade possível.

Uma lição de vida que podemos extrair do ofício dos forjadores de espadas – considerados tesouro nacional no Japão – envolve eliminar o desnecessário até se chegar ao essencial, em que residem nossa beleza e nosso poder. E só se atinge isso com paciência e perseverança.

Depois de algumas vozes críticas afirmarem que a tenacidade não garante nada, pois em alguns campos as qualidades extraordinárias inatas são imprescindíveis, Gladwell declarou:

"A regra das 10 mil horas não se aplica a qualquer pessoa nos esportes competitivos. O treino não é condição suficiente para o êxito. Eu poderia jogar xadrez durante cem anos e nunca seria um grão-mestre. Mas, em qualquer caso, a *capacidade natural precisa de um enorme investimento de tempo para se manifestar."*

Traduzida em uma equação de termos japoneses, a primeira parte da fórmula é o *ikigai*, ou seja, descobrir aquilo que nos apaixona e que, além disso, fazemos bem.

Uma vez identificada nossa missão, viria o *kaika*, às vezes o mais difícil: deixar de lado as urgências dos outros para dar espaço a nossa paixão, para permitir que comece a brotar aquilo para o qual fomos destinados.

A terceira parte implicaria nos mantermos nesse caminho com paciência, alimentando sempre a esperança, até atingirmos o *mankai*.

Resumindo, a fórmula seria: *ikigai* + *kaika* + tempo = *mankai*.

Se descobrirmos nosso talento, permitindo-nos começar, e o convertermos em uma prioridade vital, nossa paixão se desenvolverá, tanto para nossa felicidade como para a dos outros.

Nunca é tarde para florescer

Quando pensamos em começar a desenvolver algo novo, é comum acreditarmos que só alguém jovem, com toda a vida pela frente, é capaz de fazer isso. Puro preconceito. Todos podem dar um novo início à vida, seja qual for a idade.

Um ancião, por exemplo, pode decidir se reinventar, porque também tem *toda a vida* pela frente. O que importa não é quantos anos mais viveremos, mas o que faremos com o tempo que nos resta.

No Japão, é muito comum começar uma vida totalmente nova depois de terminar a vida profissional "oficial". Pessoas que passaram a maior parte do tempo em escritórios, atendendo às necessidades de uma empresa, assumem a responsabilidade pela própria vida e, enquanto a força está com elas, como velhos jedis, desafiam a idade fazendo aquilo com que sempre sonharam.

Por isso, é fácil encontrar guias turísticos de 80 anos ou mais em pequenas estações de trem, oferecendo-se voluntariamente para explicar aos turistas o que podem ver na região e dando-lhes dicas sobre caminhadas e horários de ônibus.

O viajante que descer na estação de Yudanaka, por exemplo, uma estância de águas termais (*onsen*) e ponto de partida para visitar os macacos da neve de Nagano, será recebido por esses encantadores anciãos, felizes em ajudar os viajantes vindos do mundo inteiro.

Como aprendemos com os mestres da vida longa de Okinawa durante nosso estudo para o livro *Ikigai*, quando nos atrevemos a fazer o que amamos, cada dia pode ser o melhor de nossa vida.

Dois exemplos de *late bloomers*

A expressão inglesa *late bloomers*, "o que desabrocha tarde", inclui pessoas que descobrem o próprio talento em uma idade avançada.

O *late bloomer* desafia a ideia limitante de que o ponto máximo de florescimento intelectual se dá no adulto ainda jovem e que a partir da maturidade ele declina; ele defende a tese de que a pessoa nunca deixa de melhorar e renovar-se, pois utiliza a sabedoria acumulada para subir sempre mais um degrau rumo a novos desafios.

Vamos dar dois exemplos claríssimos de que não há idade para as grandes realizações.

O primeiro é a filipina Melchora Aquino de Ramos, que, na época da revolta que levaria à independência de seu país, estava com 84 anos. Em vez de se amedrontar, ela usou a loja que gerenciava como refúgio para feridos e perseguidos, além de dar conselhos aos revolucionários naquele modesto quartel-general, onde se organizavam reuniões secretas.

As atividades subversivas da anciã não passaram despercebidas, e as autoridades coloniais a prenderam e a interrogaram com o intuito de identificar os líderes revolucionários. Como Melchora Aquino se negou a dar informações, foi deportada para as ilhas Marianas.

Quando os Estados Unidos assumiram o controle das Filipinas, Melchora voltou a seu lar como heroína nacional e foi nomeada Grande Mulher da Revolução. Ela se envolveu ativamente na criação do novo país durante mais de duas décadas, vindo a falecer aos 107 anos.

O campo das artes se mostra ainda mais propício para os *late bloomers*. Harry Bernstein, britânico de nascimento, publicou um conto aos 24 anos, mas só começou a escrever *The Invisible Wall* (O muro invisível), seu primeiro romance, aos 93. Conseguiu terminá-lo e publicá-lo em 2007, já aos 96.

Jornalistas lhe perguntaram o que o levou a estrear tão tarde como romancista. Ele explicou que a solidão que sentiu ao perder a esposa, com quem ficou casado por 67 anos, foi tanta que o fez assumir aquela missão.

Incentivado pelo carinho de quem o acompanhava, Bernstein escreveria mais três romances antes de morrer, aos 101 anos. Durante uma entrevista ao *The New York Times*, ele disse: "*Se conseguirmos continuar vivos e com saúde, a partir dos 90 anos só Deus sabe que capacidades estão à espreita dentro de nós.*"

E você, onde vive?

As pessoas capazes de ter uma vida longa e repleta de sentido têm duas características: são conscientes da própria missão e sabem desfrutar cada momento. Portanto, como comprovamos com os anciãos nas estações de trem, elas vivem o instante como uma oportunidade permanente: *Ichigo-ichie*.

No entanto, se observarmos as pessoas em volta, ou a nós mesmos, veremos que muitas vezes é difícil nos mantermos no presente. Nossos pensamentos viajam em todas as direções, e é penoso mantê-los onde estamos agora, no que fazemos agora, na pessoa com quem estamos agora.

Caso esteja sozinho, esse "quem" é você mesmo.

As quatro emoções básicas e o tempo

Embora o psicólogo social Paul Ekman tenha ampliado o número de emoções para seis (com base nas expressões faciais, ele incluiu a surpresa e o nojo), há quatro emoções básicas que marcam nossa vida e que, como veremos a seguir, nos situam em um ou em outro lugar do tempo.

Vamos nos deter um pouco em cada uma delas:

1. *Ira.* Ligada ao instinto de sobrevivência, essa emoção nos serviu, a princípio, para enfrentarmos ameaças a nós ou aos nossos. Por isso, quando nos irritamos, os músculos se tensionam, prontos para a luta e o ataque, enquanto o ritmo cardíaco e a circulação se aceleram. Nosso corpo libera adrenalina e noradrenalina, produzindo uma sensação de estresse que logo resultará em esgotamento.

O problema dessa emoção, além de ser socialmente malvista, é o fato de que poucas vezes ela está ligada a uma ameaça real, pois, fora de situações extraordinárias – uma guerra, uma agressão na rua –, não temos predadores.

Atualmente, nos irritamos porque consideramos errados ou injusto algo que nos aconteceu. Ao passarmos ao ataque, muitas vezes nos descontrolamos e aumentamos o problema, porque nesse momento a outra parte se sente ameaçada e também ataca. Por outro lado, se reprimimos a raiva, prejudicamos a nós mesmos.

Como já indicava Buda: *"Guardar raiva é como ter um carvão em brasa na mão com a intenção de jogá-lo em alguém. Quem se queima é você."* Assim, quer ataquemos ou não, na maioria das vezes a ira é uma emoção destrutiva. Como quase sempre nos irritamos por causa de nossa interpretação de algo que aconteceu ou que alguém fez, *a ira nos projeta no passado* e nos impede de desfrutar o agora.

2. *Tristeza*. Essa emoção está ligada à perda, em um leque amplo de situações. Sentimos tristeza quando perdemos um ente querido, seja por morte ou separação, e isso nos leva a um processo de luto para incorporar a nova situação. Também ficamos tristes quando perdemos algo que tenha valor ou utilidade para nós quando o carro enguiça ou nossa renda diminui.

Há tristezas de caráter mais existencial, que nos convidam à reflexão, como quando, sem razão aparente, perdemos a esperança, a vontade de viver e nos entregamos a uma apatia que nos faz definhar.

Quando essa situação se prolonga por muito tempo, a tristeza pode se transformar em depressão.

Em sua dimensão saudável, a tristeza nos permite compreender o que se passou, despedirmo-nos de quem amamos e preparar uma nova estratégia de vida. Ela pode se traduzir em arte, em qualquer de suas formas, como um caminho de transformação interior.

Ekman afirma que a tristeza se manifesta em nossas expressões faciais: ela nos faz baixar as pálpebras superiores e a extremidade dos lábios. A pessoa triste não presta atenção ao que há diante de si – *não está no agora* – e, por isso, dizemos que tem o "olhar vazio".

A tristeza também *nos projeta no passado*, pois leva nossa atenção para o que perdemos e não existe mais ou para o que queríamos obter e não conseguimos. Em ambos os casos, quando nos sentimos tristes, não estamos nem aqui nem agora.

3. *Medo*. Muito ligada ao instinto de sobrevivência, assim como a ira, essa emoção nos torna alertas para possíveis ameaças ou danos. Na época em que o ser humano vivia na selva, o medo era imprescindível para perceber os perigos iminentes e preparar o corpo para a luta ou a fuga.

Como ocorre com a ira, o medo ativa a liberação de adrenalina e noradrenalina, o que dispara o pulso e aumenta a pressão arterial, além de nos fazer hiperventilar. Outros sintomas físicos do medo incluem a sudorese, os tremores e a tensão muscular, que às vezes chega a nos paralisar.

O problema do medo, tal qual na ira, é que, hoje, o alarme dispara muitas vezes sem que haja um predador ou uma ameaça real. Sentimos medo do que pode acontecer, mas que não está no aqui e agora. Tememos perder o emprego, o cônjuge, o carinho ou a atenção dos amigos, a saúde, etc.

Quando surge de modo sistemático, esse medo antecipatório, baseado em nossas previsões do que pode acontecer, é capaz de nos levar ao transtorno de ansiedade, com episódios até de ataques de pânico. O receio do que pode acontecer é tanto que o medo do próprio medo nos paralisa.

Trata-se, sem dúvida, de *uma emoção que nos projeta no futuro*. Enquanto vivemos com medo, é impossível desfrutar o que temos e fazemos.

4. *Alegria.* É a emoção menos estudada e apresenta caráter misterioso, porque nem sempre se justifica; há pessoas com predisposição especial para senti-la, assim como outras que parecem boicotá-la.

Dependendo da intensidade, a alegria nos situa em uma série de experiências interiores que vão da satisfação serena à euforia desatada. Em todo caso, constitui uma emoção que estimula a celebração da vida, a leveza e o otimismo.

A alegria nos torna expansivos, e isso explica por que, quando a experimentamos, precisamos dividi-la com os outros. Quando a sentimos, ficamos mais empáticos, generosos e humanos.

Em um jogo de futebol, por exemplo, quando o jogador marca um gol, sai correndo e abraça os companheiros. A alegria se vive e se dá. Ela não apenas nos situa no lado ensolarado da vida, como também nos aproxima dos outros.

O escritor e conferencista Álex Rovira distingue dois tipos dessa mesma emoção: a alegria com objeto e a alegria sem objeto. A primeira depende de acontecimentos externos, sendo, portanto, efêmera: a vitória de nosso time de futebol, o prêmio na loteria, a promoção no trabalho. Já a alegria sem objeto vem do nosso interior, sem qualquer razão aparente, como se sintonizássemos uma estação especial da alma. Essa emoção incondicional, que nos leva a um estado de felicidade, será trabalhada na parte prática do livro.

Das quatro emoções básicas que vimos, apenas *a alegria pertence ao presente* e é o lugar do *Ichigo-ichie*. Por sabermos que algo só acontece no agora, e não no antes nem no depois, celebramos e nos entregamos a saborear o instante com plenitude.

EMOÇÃO	TEMPO	PALAVRA-CHAVE
Ira	Passado	Volte
Tristeza	Passado	Desperte
Medo	Futuro	Regresse
Alegria	Presente	Ichigo-ichie

Traduzir emoções em tempo

Com a popularização do conceito de inteligência emocional, nos tornamos cada vez mais conscientes do que sentimos, mas não notamos que as emoções muitas vezes nos fazem viajar para o passado ou o futuro.

Nesse sentido, um exercício simples como relacionar as emoções ao tempo constitui um instrumento muito poderoso para voltarmos ao presente, em que residem a alegria, a serenidade e a atenção características do *Ichigo-ichie*.

Para isso, toda vez que você se sentir mal, basta traduzir a emoção. Por exemplo:

Está triste? Está vivendo no passado. Desperte!

Sente medo? Está vivendo no futuro. Regresse!

Quando deixamos de nos projetar no passado e no futuro, recuperamos a alegria do agora.

Ao traduzirmos as emoções em tempo, torna-se muito mais fácil superá-las, porque ninguém gosta de estar exilado do país do presente, onde ocorrem os fatos importantes.

Por isso, quando me dou conta de que estou no passado, vou embora de lá. E se estou no futuro, retorno.

QUAL É SEU NÍVEL DE PRESENÇA NO AGORA?

Criamos este pequeno teste para avaliar nossa capacidade de estar no agora e, assim, desfrutar o momento. Responda a alternativa que melhor representa suas reações:

1. Depois de receber uma carta, mensagem ou telefonema ofensivo...
a) Fico aborrecido na hora e respondo o que achar conveniente, mas depois esqueço o assunto.
b) Fico pensando por um bom tempo até encontrar a maneira adequada de reagir.
c) Não importa se eu responda ou me cale, fico o dia inteiro ou vários dias abalado com a situação.

2. Faz tempo que noto que um amigo antes íntimo não me trata mais com o carinho e a atenção de antes.

Minha reação é...
a) Não dou muita importância a isso. Acho que ele deve estar estressado ou ocupado com outros interesses no momento. Voltaremos a nos dar bem em um momento mais propício.
b) Escrevo um e-mail longo ou forço um encontro para descobrir se ele está com algum problema comigo.
c) Fico muito ofendido com sua desatenção e decido tirá-lo de minhas prioridades. Se essa pessoa é incapaz de corresponder a meu carinho, não o merece.

3. Em uma viagem de férias, assim que chego ao destino, descubro que perderam minha mala. Vinte e quatro horas depois, ela ainda não apareceu, e eu...
a) Não quero estragar a viagem, então compro as roupas e outros itens necessários e começo a aproveitar as férias. Se a mala não aparecer, quando voltar cobro a indenização.
b) Ligo duas vezes por dia para a empresa aérea e insisto que procurem minha mala. Faço pressão.
c) Sem minhas roupas e meus objetos, fico tão frustrado que não consigo aproveitar as férias. Não paro de xingar a empresa aérea e seus funcionários.

4. Leio na imprensa que a empresa ou o setor em que trabalho enfrentará uma crise. Minha reação é...
a) Continuo fazendo meu trabalho da melhor maneira possível, pois essa é a parte que depende de mim.

b) Começo a ligar para colegas do mesmo ramo para ver se a situação é tão preocupante como dizem.
d) Sinto-me ansioso e começo a procurar alternativas para o caso de tudo realmente afundar.

5. Fico sabendo que uma antiga professora de quem eu gostava bastante está com uma doença terminal. Então eu...
a) Pesquiso onde está internada para passar algum tempo com ela, se me permitirem.
b) Fico pensando na fugacidade da vida e em como tudo o que é bom acaba.
c) Minha hipocondria aumenta e resolvo fazer exames médicos mais regularmente a partir de agora.

Resultado

As respostas (a) valem 0, as (b) valem 1 ponto e as (c), 2 pontos. Some o total de pontos das cinco respostas.
• *De 6 a 10 pontos: RUIM >* Você se projeta com muita facilidade no passado ou no futuro, no fruto do estresse ou da ansiedade que o impede de aproveitar a vida. É preciso aprender a regressar ao presente.
• *De 3 a 5 pontos: PODE MELHORAR >* Seu nível de agitação mental não é preocupante, mas, se remoesse menos as coisas, ganharia serenidade e, sem dúvida, seria mais feliz. Com um pouco de treinamento, você consegue.

> • *2 pontos ou menos:* ÓTIMO > Embora os acontecimentos o levem para o passado ou para o futuro, você sabe voltar logo ao presente e tem potencial para ser um mestre do *Ichigo-ichie*, com capacidade de inspirar os outros.

O agora é um presente que precisamos abrir

Desde que Sidarta Gautama ensinou seus discípulos a se fixar no aqui e agora, levamos 2.500 anos perseguindo esse presente que com tanta frequência escorre entre nossos dedos como areia.

No próximo capítulo, veremos as estratégias que o zen nos propõe para nos mantermos no presente e descobriremos como um monge japonês influenciou Steve Jobs. Mas, antes disso, terminaremos este capítulo vendo o que ocorre dentro de nós quando conseguimos nos libertar dos sofrimentos do passado e dos medos do futuro.

Faz uma década que Philip Zimbardo, professor de psicologia de Stanford, publicou com John Boyd *O paradoxo do tempo*, obra em que descreveu a mente atenta ao presente da seguinte maneira:

"Quando ficamos plenamente conscientes do que nos cerca e de nós mesmos no presente, o tempo que passamos nadando com a cabeça fora d'água aumenta. Esse estado não nos impede de ver os possíveis perigos e prazeres [...]. Ao contrário, ao sermos conscientes de nossa situação e do

destino aonde vamos, podemos fazer correções em nosso caminho."

Para os que levam boa parte da vida exilados do presente, a experiência do agora é transformadora, como demonstraram Jennifer Aaker e Melanie Rudd, colaboradoras de Zimbardo, em uma série de experimentos que ajudaram várias pessoas a viver um pequeno momento de "atemporalidade".

Segundo as conclusões das pesquisadoras, *"essas pessoas sentiram de imediato que tinham mais tempo disponível do que acreditavam ter, mostraram-se menos impacientes e com mais vontade de ajudar os outros; de repente, deram preferência às experiências em vez de às coisas materiais".*

Enquanto fluíam com o momento, as pessoas relataram se sentir muito mais satisfeitas com a vida.

O resultado da experiência justifica o fato de que a palavra *presente* também significa "dádiva, oferenda". O presente está sempre aqui, oferecendo-se a nós a cada momento para que seja inesquecível. No entanto, como todo presente, para aproveitá-lo é preciso primeiro abri-lo.

A seguir, veremos como fazer isso.

Zensações

Muitas informações sobre Steve Jobs já foram divulgadas, mas um aspecto bastante desconhecido da vida dele é como se iniciou no zen que acabaria marcando suas criações na Apple.

Nos dois anos em que frequentou a universidade, Jobs assistiu a muitas aulas como ouvinte por um ano e meio por falta de recursos; dizem que passava a maior parte do tempo lendo a respeito de religiões e filosofia oriental. Jobs comentava essas descobertas com o amigo Daniel Kottke, que, anos depois, trabalharia ao seu lado nos primeiros Macintosh, tendo, inclusive, sua assinatura gravada na parede interna dos gabinetes.

No entanto, antes de saber qual seria seu destino profissional, Jobs voltou da universidade em 1974 e começou a trabalhar na Atari, empresa pioneira de videogames, a fim de ganhar dinheiro para visitar o Oriente.

Alguns meses depois, ele deixou o emprego e viajou à Índia na companhia de Kottke, que fora contagiado pela busca espiritual do amigo.

Embora tenham passado meses inteiros percorrendo a Índia de ônibus, os dois não encontraram nenhum guru que os inspirasse. O fato mais interessante da viagem ocorreu quando um monge hinduísta se aproximou de Steve Jobs com uma navalha e, sem avisar, raspou-lhe a cabeça.

Ao regressar aos Estados Unidos, Jobs voltou a trabalhar na Atari, até que, alguns meses mais tarde, conseguiu vender seus primeiros computadores, desenvolvidos com o sócio, Steve Wozniak. Apenas cinco anos depois, a Apple abriu seu capital e transformou mais de trezentos funcionários da empresa em multimilionários.

A SERENIDADE DO ZAZEN

Zazen (坐禅) significa, em tradução literal, "zen禅 sentado坐", e constitui uma das formas de meditação mais populares no Japão, onde, tradicionalmente, seus praticantes sentam-se em posição de lótus ou meio lótus sobre uma almofada.

O mais importante é manter a coluna ereta, da pelve ao pescoço. O olhar deve estar voltado para o chão, a aproximadamente um metro de distância, ou para uma parede, como na meditação zazen da escola Rinzai.

O objetivo da meditação zazen não é nada específico; deve-se apenas se concentrar o máximo possível no presente, observando sem qualquer apego ao que se passa pela mente.

"Sentado sem se mexer, pense em não pensar. Como se pensa em não pensar? Não pensando. Essa é a arte do zazen", disse Dogen Zenji (1200-1253), considerado criador da prática.

É interessante observar que o velho mestre não falava em "esvaziar a mente", como às vezes se pensa erroneamente sobre a meditação, mas em "não pensar". Isso envolve deixar passar o que quer que circule pela mente sem se apegar. Desse modo, atinge-se um estado sem passado e sem futuro que nos permite perceber todas as sensações do corpo no presente.

Os anos do zazen

Nessa época, Steve Jobs começou a praticar o zazen no Zen Center de São Francisco, onde conheceu o monge Kobun Chino Otogawa, que seria seu mentor e amigo pelo resto da vida.

Dizem que Steve Jobs era um dos alunos que passavam mais horas meditando. Às vezes, fazia pausas em sua rotina frenética para ir a Tassajara, o primeiro mosteiro zen dos Estados Unidos, sentava-se diante de uma parede e observava sua atividade interior durante semanas. Steve gostava da ideia de usar a mente para inspecionar a própria mente, algo conhecido em psicologia como "metacognição".

Aprenderemos essa técnica na terceira parte do livro, mas antes vamos conhecer o guru que marcou profundamente a vida do fundador da Apple.

Nascido em Quioto, Kobun Chino Otogawa passou seus primeiros trinta anos de vida no Japão, três deles no principal mosteiro do Soto Zen. No fim da década de 1960, mudou-se para os Estados Unidos com a missão não apenas de transmitir o zen ao Ocidente, mas também de ensinar a arte do *haikai* e a caligrafia *shodo*.

Steve Jobs era fã de caligrafia. Para ele, era importantíssimo que as letras na tela dos computadores fossem belas. Essa foi só uma das influências que recebeu do mestre.

Kobun também lhe ensinou a magia de entregar-se por inteiro ao momento fugaz, o *Ichigo-ichie* que o monge aprendera nas casas de chá.

INSPIRAÇÕES DE KOBUN CHINO OTAGAWA

"Sentamo-nos para dar sentido a nossa vida [...] e começamos nos aceitando. Sentarmo-nos é regressar a quem somos e a onde estamos."

"Quanto mais conscientes formos da raridade e do valor da vida, melhor saberemos como vivê-la [...] Temos uma grande tarefa a cumprir. Por isso nos sentamos."

Em certa ocasião, Kobun perguntou a um discípulo:
– Quando todos os mestres se forem, quem será seu mestre?
– Tudo! – respondeu o discípulo.
Após uma breve pausa, Kobun lhe disse:
– Não, você mesmo.

Durante mais de vinte anos, até falecer, em 2002, Kobun Chino Otogawa foi mentor espiritual e amigo íntimo de Steve Jobs, tendo, inclusive, celebrado seu casamento.

Antes de fundar a Apple, Steve Jobs pensava no que fazer da vida, e uma das opções que mais o atraíam era consagrar o resto de seus dias ao zen.

No entanto, quando soube dos planos do amigo, Kobun Chino Otogawa o desaconselhou a se retirar do mundo, convencendo-o com estas palavras: *"Você encontrará o zen* no dia a dia, dedicando-se com paixão àquilo de que gosta [...] Você pode continuar tendo uma vida espiritual enquanto administra sua empresa."

Ou seja, ele o convidava a buscar a espiritualidade em seu *ikigai*.

Jobs obedeceu ao mestre e embarcou em uma aventura que revolucionaria para sempre vários setores, entre eles a informática, a telefonia e a música.

A inspiração japonesa da Apple

O zen tornou-se uma ferramenta fundamental para Steve Jobs na hora de projetar os produtos da Apple. Um de seus lemas sempre foi simplificar ao máximo, eliminando qualquer elemento que não fosse estritamente necessário.

O iPod – cujo projeto simples, bonito e intuitivo constituiu uma autêntica revolução na época –, o iPhone e outros produtos deixam claro que Steve Jobs apreciava a simplicidade que aprendeu com o zen.

No entanto, ele visitou o Japão pela primeira vez apenas no início da década de 1980, quando buscava a unidade de disco flexível mais apropriada para o primeiro Macintosh. Nessa viagem, Jobs conheceu Aiko Morita, fundador da Sony, e experimentou com exclusividade um dos primeiros protótipos do walkman, aparelho que o impressionou. Outro ponto que o cativou foram as fábricas da Sony, nas quais Jobs se inspirou quando montou as da Apple.

Além de fazer negócios, Steve Jobs aproveitou a viagem para visitar Quioto e o mosteiro Soto Zen Eiheiji, onde seu mestre se formara antes de se mudar para os Estados Unidos.

No decorrer da vida, Jobs voltou muitas vezes ao Japão, e sempre que possível ia a Quioto, sua cidade favorita.

Outro japonês que Steve Jobs admirava, Issey Miyake, era muito centrado em buscar a elegância por meio da simplicidade. Os dois estabeleceram uma relação bastante próxima, e o estilista foi responsável pela criação do lendário suéter de gola alta que Steve vestiu quase diariamente nos últimos anos de vida.

Oito lições zen para uma vida *Ichigo-ichie*

Embora Steve Jobs fosse conhecido como um homem colérico e muitas vezes até injusto com quem o rodeava, o estudo do zen lhe serviu para levar beleza, simplicidade e harmonia a milhões de lares, por meio de suas criações.

De fato, os ensinamentos dessa versão japonesa do budismo têm grande poder de incorporar o *Ichigo-ichie* a nossa vida diária:

1. *Limite-se a sentar-se e observar o que acontece.* Nossa miopia espiritual faz com que muitas vezes procuremos longe de nós, no espaço e no tempo, o que na realidade temos por perto. O zen nos ensina a simplesmente sentar e abraçar o momento, sem mais ambições. Quando estivermos com outras pes-

soas, celebremos sua companhia como um presente, uma dádiva.
2. *Saboreie o momento como se fosse seu último suspiro.* Só se pode viver um dia de cada vez, e ninguém sabe se acordará no dia seguinte. Portanto, não adie a felicidade. O melhor momento da vida é sempre o agora.
3. *Evite as distrações.* Segundo um provérbio antigo, o caçador que mira duas presas não caça nenhuma, e o mesmo acontece quando tentamos acompanhar uma conversa ou ler um livro enquanto usamos o celular. O zen ensina a fazer uma única coisa de cada vez como se fosse a mais importante do mundo. Se assim agirmos, sem dúvida ela será.
4. *Liberte-se de tudo o que é supérfluo.* O viajante experiente se distingue dos outros mais pelo que deixa em casa do que pelo que leva na mala. Como a vida é uma aventura apaixonante na qual convém não carregar peso, pergunte-se a cada dia, a cada momento em que se sentir sobrecarregado: "Do que posso abrir mão?"
5. *Torne-se amigo de si mesmo.* Em vez de se comparar com os outros, de se preocupar com o que os outros pensam, assuma que você é um ser único no mundo. Como disse o violoncelista Pau Casals em um poema dedicado às crianças: "É uma maravilha e nunca houve nem haverá ninguém como tu."
6. *Celebre a imperfeição.* Se nem a natureza, com suas rugas e sinuosidades, com seus nascimentos e mortes, é perfeita, por que você deveria ser? Cada fracasso é um

sinal de que se pode seguir um caminho diferente. Cada defeito é um convite para polir o diamante. Quando há vontade de melhorar, é perfeito ser imperfeito.
7. *Pratique a compaixão.* Do ponto de vista budista, compadecer-se não significa sentir pena, mas ter uma empatia profunda que nos permita viajar até o lugar e a situação do outro para entender as motivações e os erros dele. Cada um de nós age de acordo com o ponto em que se encontra na evolução pessoal. Ainda que nossa conduta seja questionável, isso é o melhor que podemos fazer com o que temos aqui e agora.
8. *Desfaça-se das expectativas.* Fazer prognósticos e esperar que aconteçam determinadas coisas nos impedem de aproveitar o momento. Como o zen ensina, só é possível viver o *Ichigo-ichie* com a mente não condicionada.

Sobre essa última questão, as expectativas se assemelham ao embrulho que nos impede de ver o presente: quando nos livramos delas, o conteúdo se oferece em todo o seu esplendor.

Dukkha e *mono no aware*

Embora seja comum traduzir esse conceito do budismo como "sofrimento", a maneira mais correta de explicar a palavra *dukkha* é *"a leve angústia e insatisfação que todos os seres vivos sentimos continuamente em nosso interior por sabermos que a mudança é inevitável"*.

No decorrer da vida, é comum tentarmos escapar desse sentimento em vez de aceitá-lo. E é por isso, por exemplo, que nos entregamos aos vícios, que constituem uma via de escape para acalmar nosso *dukkha*.

A sociedade atual nos oferece numerosas formas de fugir da realidade: videogames cada vez mais imersivos, entretenimento na internet, álcool, drogas... Essa fuga ocorre principalmente quando passamos por uma crise ou sofremos uma perda, momento em que procuramos meios de nos afastar do sentimento de impermanência, tão próprio da vida.

Nada dura para sempre; nem o que é bom, nem o que é ruim. Admitir isso é o segredo para aproveitarmos ao máximo os momentos sublimes com que a vida nos presenteia e para não nos desesperarmos durante uma fase turbulenta.

A segunda flecha

Uma história reveladora conta como Buda ensinava a um de seus discípulos uma técnica para lidar com o *dukkha* que inevitavelmente aparece na vida.

– Quando alguém está caminhando pelo bosque e é atingido por uma flecha, dói? – perguntou o mestre.

– É claro – respondeu o discípulo.

– E se, em seguida, ele for atingido por uma segunda flecha, vai doer mais ainda? – continuou Buda.

– É claro, muito mais do que a primeira.

– Pois a primeira flecha representa as coisas ruins que nos acontecem e não podemos evitar, aquelas sobre as quais não temos controle. A segunda flecha, porém, é lançada por nós mesmos, causando-nos um dano desnecessário.

Essa segunda flecha é o que alguns chamam de metaemoção: o que sentimos sobre o que sentimos.

Quando algo ruim acontece, a dor é inevitável, mas, depois do primeiro impacto, tendemos a ficar ruminando o ocorrido. E, quando começamos a dar voltas, alimentando a dor do primeiro impacto, só conseguimos criar ainda mais dor. Essa é a segunda flecha.

Não há como evitar as primeiras flechas, pois a vida é uma aventura de risco constante, mas podemos, sim, evitar as segundas, que são a preocupação e a ansiedade que surgem quando pensamos nas primeiras.

Buda resumiu isso com o que talvez seja o mais célebre de seus aforismos: *"A dor é inevitável; o sofrimento é opcional."*

A seguir, apresentamos algumas estratégias para nos protegermos das segundas flechas, que amargam nossa existência muito mais do que os golpes do destino:
- *Entender que a vida é feita de dissabores e satisfações* e que, sem os primeiros, não poderíamos desfrutar as segundas, pois é pelo contraste que somos capazes de apreciar o que é bom. A água fresca nos dá mais prazer depois de sentirmos sede; encontrar o amor é um privilégio muito maior depois que vivemos a tristeza e a solidão.
- *Tomar consciência da temporalidade da dor.* O que nos fere tem duração limitada, a não ser que nos empenhemos em ampliar e aumentar seu eco. Se não alimentarmos a dor e nos limitarmos a vivê-la, ela se extinguirá e, muitas vezes, se sedimentará dentro de nós sob a forma de aprendizado.
- *Compensar os infortúnios desfrutando momentos de Ichigo-ichie.* Tanto sozinho quanto na companhia de pessoas queridas, a melhor maneira de superar um momento ruim é nos presentear com uma experiência bela e doce que nos mostre o lado ensolarado da vida. Na terceira parte deste livro, veremos muitos exemplos de como fazer isso.

Em resumo, se aceitarmos a primeira flecha (a dor), mas não nos cravarmos a segunda (o sofrimento gerado por continuar sofrendo), evitaremos a autoflagelação e, assim, viveremos de maneira mais leve, desfrutando tudo de bom que a vida nos oferece.

Participar de uma cerimônia do chá, praticar um esporte que nos agrade, ouvir música, ler um livro apaixonante, desenvolver um hobby, encontrar amigos com espírito 100% *Ichigo-ichie*, tudo isso nos reconecta à vida, por mais que tenhamos sofrido adversidades e decepções.

Mono no aware

Essa expressão japonesa usada para exprimir a apreciação da beleza se traduz literalmente como "tomar consciência da passagem do tempo". Podemos falar da *tristeza amável* do *mono no aware* para designar a emoção forte que toma conta de nós quando nos conscientizamos de que o que estamos vendo, cheirando, escutando e sentindo é um presente de natureza efêmera.

MONO NO AWARE 物の哀れ

哀れ: *páthos**
の: de
物: as coisas

A expressão inteira significa: *a saudade e a tristeza que sentimos por causa da impermanência da vida e de tudo que existe.*

* No sentido aristotélico, *páthos* é o sentimento humano, que pode chegar ao sofrimento existencial.

Sentir *mono no aware* não é uma experiência negativa, é estar ligado à essência autêntica da vida, ao efêmero, sendo, portanto, uma via direta para o *Ichigo-ichie*.

A expressão *mono no aware* foi utilizada pela primeira vez por Motoori Norinaga, erudito japonês do século XVIII, para descrever o estado de ânimo geral do seu povo. Para isso, ele se inspirou na literatura clássica, especialmente nestas duas frases do romance épico *Heike Monogatari*, escrito em 1330:

> *O som dos sinos de Gion ecoa na impermanência de tudo o que existe; os demasiado orgulhosos não sobrevivem, são como um sonho em uma noite de primavera.*

A natureza nos assegura belos momentos de *mono no aware*: o florescimento da *sakura*, a luz dourada do entardecer, uma nevasca que não congela, um caminho de folhas secas no outono...

Esses momentos sublimes merecem toda a nossa atenção, pois recarregam as baterias da alma.

Antes de Motoori Norinaga cunhar a expressão *mono no aware*, os japoneses manifestavam esse sentimento exalando um "ahhhhh..." com uma espécie de suspiro.

A história da arte e da literatura está repleta desses momentos em que amamos com especial intensidade o que estamos a ponto de perder, um dos sentimentos mais delicados e poéticos da condição humana.

Um exemplo moderno de romancista que capta o espírito do *mono no aware* é o Prêmio Nobel Kazuo Ishiguro, principalmente nas obras *Os vestígios do dia* e *Não me abandone jamais*, cujos personagens enfrentam a passagem inevitável do tempo.

O monólogo do final épico do filme *Blade Runner* constitui outro exemplo:

> *Vi coisas em que vocês não acreditariam. Atacar naves em chamas além de Órion. Vi raios C brilharem na escuridão perto do portal de Tannhäuser. Todos esses momentos se perderam no tempo... como lágrimas na chuva. Está na hora de morrer.*

A adaptação hedônica

Essa visão do caráter efêmero da vida também estava presente no mundo clássico do Ocidente, embora de uma perspectiva distinta.

Na Grécia do século III a.C., os estoicos praticavam a visualização negativa, técnica que consistia em meditar sobre a perda das coisas amadas. O que aconteceria se nos tirassem nosso trabalho, nossos entes queridos, nossa casa?

O objetivo não era provocar tristeza, mas fazer com que apreciássemos o que temos como algo precioso.

Os romanos, seguidores da mesma filosofia, chamavam esse exercício de *premeditatio malorum* ("premeditação dos males") e o utilizavam como ferramenta para dar valor ao que tinham, pois é comum perdermos o interesse em algo com que nos acostumamos.

Os estoicos, ainda que intuitivamente, entendiam o perigo do que a psicologia moderna chama de "adaptação hedônica": o mecanismo pelo qual, depois de saciado um desejo, voltamos à insatisfação, porque automaticamente queremos o que está um passo além.

Por exemplo, se estamos acostumados a comer em restaurantes em que a refeição custa 10 euros, ir a um que cobra 30 euros nos parecerá um luxo. No entanto, se, com o passar dos anos, ganharmos poder aquisitivo e nos acostumarmos com os restaurantes de 30 euros, talvez comecemos a nos queixar da comida ou do serviço. Desse modo, para sentir satisfação, precisaremos ir a restaurantes mais sofisticados, que cobrem 50 euros ou mais.

Embora não afete as pessoas de mentalidade austera, a adaptação hedônica é a base da sociedade de consumo. Quando conseguimos algo que desejamos, experimentamos um breve período mais feliz e retornamos ao "nível básico" de felicidade.

Isso é bastante perceptível em quem troca de companheiro com frequência. Depois que se adapta ao outro, a novidade acaba e a pessoa precisa voltar a sentir a adrenalina que só um novo amor pode lhe proporcionar.

Essa síndrome foi observada por Buda, que encontrava no desejo a fonte da infelicidade. Se não compreendermos esse mecanismo, estaremos sempre insatisfeitos e não gozaremos a felicidade do momento, do *Ichigo-ichie*.

Para isso, o segredo consiste em deixar de nos projetar em novos desejos e começar a perceber a magia do que nos rodeia. A felicidade se baseia em não desejar nada externo a nós e em apreciar o que a vida nos oferece durante um tempo limitado.

MEMENTO MORI

Essa expressão latina, cujo significado é "recorda que vais morrer", visa nos alertar que estamos aqui de passagem e que depende de nós desfrutar ou não a viagem.

Dizem que na Roma Antiga, quando um general vitorioso desfilava, alguém ia atrás dele repetindo, de vez em quando, *"Memento mori"*, para que a glória não lhe subisse à cabeça.

Esse mesmo lembrete em latim se encontra em estátuas, pinturas e outras obras de arte barrocas e renascentistas que ressaltavam o caráter efêmero da existência e o famoso conceito do *carpe diem*: "aproveite este dia e não confie no amanhã".

O rosto amável do *carpe diem*

Algumas pessoas associam o *carpe diem* aos excessos, mas essa chamada ao momento também exalta o que existe de mais belo e essencial na vida.

Certa vez, um filósofo afirmou que os seres humanos são mortais que agem como se fossem viver para sempre, e isso, mais do que nos fazer viver como deuses, abre espaço para *os inimigos do presente:*

- Dar prioridade ao urgente (para os outros) em vez de priorizar o importante (para nós).
- Adiar várias vezes nossos melhores planos, como se o tempo fosse ilimitado.
- Pensar que não há condições de fazer o que gostaríamos no agora, só no futuro.
- Boicotar o presente com ressentimentos, tristeza ou preocupações que nos impedem de desfrutá-lo.

O *carpe diem*, assim como o budismo, nos recorda da impermanência das coisas. Nada que amamos é para sempre. Portanto, cada oportunidade pode ser a última.

Nesse sentido, o *Ichigo-ichie* é o rosto amável do *carpe diem*, porque, em vez de insistir em nos lembrar que um dia morreremos, nos recorda que *hoje podemos viver*. E isso merece ser celebrado.

Afinal, já dizia a atriz e roteirista Mae West: "*Só se vive uma vez, mas, se agirmos bem, uma vez é suficiente.*"

O destino depende de um instante

Em 1998, foi lançado um filme cult alemão chamado *Corra, Lola, corra*, que tratava da importância do momento. A protagonista, interpretada por Franka Potente, dispõe de vinte minutos para conseguir 100 mil marcos a fim de salvar a vida do namorado, que esqueceu no trem essa quantia pertencente a um mafioso. A partir daí, vemos o desenrolar dos fatos em três possibilidades marcadas por uma pequena diferença.

Na primeira, um cachorro rosna para Lola quando ela está descendo a escada do prédio em que mora. Isso a faz ir mais depressa, o que provoca um acidente de trânsito com uma vítima que, por acaso, é colega de trabalho do pai de Lola, a quem ela esperava pedir um empréstimo no banco onde ele trabalha.

Na segunda, o dono do cachorro faz Lola tropeçar e cair da escada. Em consequência, a dor a impede de continuar correndo, o que muda completamente os acontecimentos no caminho até o banco.

Na terceira, Lola salta o cachorro e chega à rua em uma fração de segundo diferente, o que trará um resultado distinto dos dois anteriores.

Além do jogo de possibilidades, a mensagem do filme é mostrar que, além de ser único, cada momento provoca uma torrente de consequências totalmente diferentes – o chamado "efeito borboleta", uma parte da teoria do caos definida como a "dependência exponencial das condições iniciais".

O efeito borboleta

O fenômeno conhecido como "efeito borboleta" se associa ao seguinte ditado popular: *"O bater de asas de uma borboleta em Hong Kong pode provocar uma tempestade em Nova York."* Em outras palavras, qualquer mudança, por menor que seja, acaba criando situações totalmente diferentes, em razão de um processo de amplificação.

Como aquilo que nos acontece afeta outras pessoas, que, por sua vez, afetam outras, a perturbação inicial acaba mudando tudo. Esse efeito e a imagem da borboleta foram propostos pelo meteorologista e matemático Edward Norton Lorenz, que postulou que, se houvesse dois mundos iguais, com a única diferença de que em um deles haveria uma borboleta voando, esse último mundo seria totalmente diferente do outro. Nele, a concatenação, a princípio ínfima, de causas e efeitos poderia acabar provocando um tornado a grande distância.

Lorenz descobriu esse efeito em 1960, quando trabalhava com um sistema rudimentar de computadores para prever o tempo. Com o intuito de poupar espaço, a impressora que registrava as medições arredondava os valores para três casas decimais (um dos registros era de 0,506 em vez de 0,506127). Quando ele executou no computador o cálculo com três casas decimais, a previsão do tempo para dali a dois meses não tinha relação alguma com a obtida com as seis casas decimais.

Isso levou Lorenz a descobrir que qualquer desvio, por menor que seja, acaba se tornando fundamental em razão do que foi batizado como "efeito borboleta".

Além da previsão do tempo ou de situações extremas como a de Lola e seu namorado, vejamos alguns exemplos para entender como o efeito borboleta age em nossa vida:

- Assim como um pulo na neve pode provocar uma avalanche, uma guimba de cigarro acesa pode provocar um incêndio capaz de arrasar um território inteiro, mudando a vida dos moradores locais.
- Se seu pai ou sua mãe não tivesse pronunciado a frase oportuna no momento certo, provavelmente o romance não teria acontecido e você não estaria aqui para ler isto, pois não teria nascido.
- Diante da oferta de uma bolsa de estudo ou de uma vaga de emprego, passar à ação em vez de pensar "não vou conseguir" pode levá-lo a uma vida radicalmente diferente.
- A decisão de pôr em prática uma ideia que nos passa pela cabeça pode marcar a diferença entre fundar uma grande empresa ou não fazer nada.

A conclusão a que o efeito borboleta nos leva é a de que, embora nunca conheçamos as consequências finais de nossos atos e decisões, cada momento tem um valor vital. Isso nos conduz de volta ao *Ichigo-ichie*: o que fazemos agora terá um resultado único e totalmente diferente do que se o fizéssemos em outro momento.

Amor fati

Essa expressão latina, traduzida como "amor ao destino", descreve o modo de sentir de quem considera que tudo o que lhe acontece é para o próprio bem, mesmo que a princípio não pareça.

Steve Jobs dizia que é preciso "ligar os pontos" para entender, mais tarde, o verdadeiro sentido de muitos acontecimentos da vida, e nessa ideia de que "tudo vem para o bem" há, implícita, a confiança no destino.

No entanto, isso não significa que devemos nos entregar à lei da atração e simplesmente esperar que as coisas aconteçam. Aquilo que a vida nos traz deve ser moldado com uma boa atitude e decisões oportunas, de acordo com as cartas que o destino nos dá, como diria Schopenhauer.

Friedrich Nietzsche, filósofo da mesma geração de Schopenhauer, defendia o seguinte sobre o *amor fati* para apreciar o caráter único de cada momento: aprender a ver a beleza das coisas também nos permite fazer com que se tornem belas.

O *amor fati* envolve aceitar que tudo o que nos acontece, inclusive os fatos mais desagradáveis, tem um propósito. No entanto, depende de nós lhe dar um sentido positivo com nossa atitude e com as decisões que tomamos diante do que o destino nos traz a cada momento.

FORREST GUMP *ICHIGO-ICHIE*

Em 1995, quando o filme *Forrest Gump* foi lançado no Japão, curiosamente o subtítulo incluía a expressão *Ichigo-ichie*. O filme era anunciado assim: *Tom Hanks é Forrest Gump, Ichigo-ichie*.

Com isso se pretendia enfatizar que na história do filme, embora o protagonista vagasse pelo mundo, encontrando-se, por acaso, com outras pessoas, tais momentos, em razão das atitudes de Forrest, significavam mais do que simples encontros. Por ter o *amor fati* como visão, o personagem põe todo o seu coração em estar plenamente presente em cada um desses momentos – *Ichigo-ichie* –, ainda que, aparentemente, sejam irrelevantes. É isso que torna Forrest Gump tão enternecedor.

A ação misteriosa do acaso

Em 1971, o escritor George Cockroft (conhecido pelo pseudônimo Luke Rhinehart) surpreendeu o mundo com o romance *O homem dos dados*, considerado pela BBC um dos cinquenta livros mais influentes dos últimos cinquenta anos.

A obra conta a história do psiquiatra Luke Rhinehart, que descreve assim seu tédio vital: *"A vida se compõe de pequenas ilhas de êxtase em um oceano de tédio, e depois dos 30 anos raramente se avista a terra."*

Cansado de ajudar os pacientes a tomar decisões, muitas das quais acabam sendo equivocadas, ele se faz uma pergunta provocadora: "E se deixássemos as decisões cruciais nas mãos do acaso?"

Disposto a experimentar essa ideia, Rhinehart entrega suas decisões a um par de dados que, a partir de uma lista de opções – às vezes bem disparatadas – que ele mesmo escreve para cada situação importante, dirão a ele como proceder.

Isso afeta tanto o tratamento dos pacientes quanto a vida do próprio Rhinehart, que se converte no "homem aleatório", criador da "religião das seis faces", na qual o dado é seu pastor. A ideia por trás desse romance instigante e politicamente incorreto é que, quando entregamos nossa existência ao acaso, este nos protege e nos leva a lugares e situações que precisamos viver.

Posteriormente, a história passou a ser vista como uma comédia, mas o *amor fati* radical do homem dos dados continua denunciando o medo do ser humano de perder o controle. Acreditamos que podemos determinar tudo, mas o certo é que o acaso intervém na vida, e às vezes um desvio inesperado é o que nos leva à verdadeira meta.

Um exercício de aleatoriedade

Sem chegar aos extremos que o Dr. Rhinehart comete no romance, de vez em quando um pouco de aleatoriedade na vida nos proporciona a aventura necessária para que os momentos de ócio deixem de ser previsíveis e se convertam em algo único e memorável.

Quando não contamos com um pouco de aleatoriedade, vivemos sempre o mesmo.

Para nos sacudir da inércia, podemos praticar a aleatoriedade uma vez por mês, por exemplo, escrevendo seis opções correspondentes às faces de um dado e fazendo o que a sorte escolher. Vejamos dois exemplos:

1. Em uma biblioteca, a partir de uma seleção prévia de seis obras que não conhecemos, mas que nos chamam a atenção por qualquer motivo, levaremos o livro que o dado decidir. Segundo o homem aleatório, ali haverá algo que precisamos ler, uma pista para nossa vida.
2. Ao escolher um restaurante, seguiremos o mesmo método entre seis lugares aonde nunca fomos. Se quisermos subir mais um degrau na aleatoriedade, podemos também usar o dado em cada seção do car-

dápio, descartando previamente aquilo que nunca comeríamos. Desse modo, teremos um jantar puramente aleatório.

É possível seguir o mesmo método com um filme em cartaz, o destino de uma viagem de fim de semana ou qualquer outra atividade de lazer. Uma vez por mês, entregar ao acaso o comando de decisões que não podem ser prejudiciais é uma maneira criativa de viver o *Ichigo-ichie*.

Coincidências significativas

Em 1992, Paul Auster publicou *O caderno vermelho*, no qual narra três histórias verídicas em que o acaso, sob a forma de coincidência ou sincronicidade, exerce papel fundamental.

Em uma delas, o escritor do Brooklyn conta que, três anos antes, encontrou na caixa de correio uma carta endereçada a um tal Robert M. Morgan, com domicílio em Seattle. O correio havia devolvido a carta ao remetente... e seu nome e endereço estavam no verso do envelope.

Convencido de que nunca escrevera a alguém com aquele nome, o escritor abriu o envelope, que continha uma carta datilografada na qual o suposto Paul Auster enchia Morgan de elogios por um pequeno ensaio que escrevera sobre sua obra para o público universitário.

Em *O caderno vermelho*, o verdadeiro Paul Auster comenta: *"Estava escrita em um estilo ribombante e pretensioso, infestada de citações de filósofos franceses e transbordante de vaidade e autocongratulação [...] Era uma carta desprezível, o tipo de carta que nunca me ocorreria escrever a alguém, mas estava assinada com meu nome."*

O que a princípio ele julgou ser uma coincidência adquiriu uma dimensão ainda mais misteriosa.

Alguém que se fazia passar por ele respondera em seu nome a um ensaísta de Seattle – provavelmente a mesma pessoa – e, depois de chegar a um endereço errado, a carta lhe fora devolvida.

Como o autor da farsa sabia o endereço de Auster? O que pretendia ao deixá-lo saber que furtara sua identidade?

Esse é um mistério que o autor de *A trilogia de Nova York* nunca chegou a resolver, mas admitiu, em seu livro sobre as coincidências, que nunca se atreveu a jogar a carta fora, e que o fato de olhar para ela ainda lhe causava calafrios. Mesmo assim, o romancista garantia que a guardava em sua mesa de trabalho como qualquer outro objeto, explicando: *"Talvez seja o meio que encontrei de lembrar que não sei nada, que o mundo onde vivo nunca deixará de me surpreender."*

Embora a história de Paul Auster vá além da casualidade, por haver uma intenção oculta, as coincidências significativas estão muito presentes na vida da maioria das pessoas. O que acontece é que muitas vezes não lhes damos atenção.

Sincronicidade: a mensagem do momento

Carl Gustav Jung cunhou, entre diversos conceitos, o termo *sincronicidade* para se referir à coincidência de dois ou mais acontecimentos que, embora sem relação de causa e efeito, apresentam uma ligação evidente.

É como se o acaso brincasse para atrair nossa atenção a coisas que normalmente passariam despercebidas. Alguns exemplos de sincronicidade seriam:

- quando uma melodia nos vem à cabeça e, de repente, a pessoa sentada a nossa frente começa a cantarolá-la;
- quando pensamos em alguém com quem não falamos há tempos e nesse exato momento a pessoa nos telefona.

É impossível não relacionar os dois fatos que a sorte reuniu tão caprichosamente para atrair nossa atenção.

Segundo Jung, as sincronicidades podem ter justamente a missão de nos mostrar a importância de uma pessoa ou um detalhe que em geral passaria despercebido. Para provar, ele cita um exemplo ocorrido em seu consultório:

Em um momento decisivo do tratamento, uma jovem paciente sonhou que lhe davam de presente um escaravelho de ouro. Enquanto ela me contava o sonho, eu estava sentado de costas para a janela fechada. De repente, ouvi atrás de mim um ruído de algo batendo suavemente no vidro. Virei-me e vi no lado de fora um inseto voador chocando-se contra a janela. Ao abri-la, peguei-o no voo. Era a analogia mais próxima de um escaravelho de ouro que pode haver em nossa latitude, ou seja, um escarabeídeo (crisomélido), o Cetonia aurata ou besouro-da-roseira, que, ao que parece, contra seus costumes habituais, sentiu necessidade de entrar em uma sala escura exatamente naquele momento.

Jung atribuiu a essa sincronicidade o fato de o sonho ser importante para a cura da paciente e, portanto, conter elementos que mereciam ser decifrados.

Um instrumento de magia consciente

Há pessoas que vivem muitos acasos significativos, enquanto outras parecem imunes a esse tipo de coincidência. Por que isso ocorre?

Basicamente, depende da atenção. Ao perceber uma sincronicidade, ficamos mais observadores e sensíveis a esse tipo de detalhe, e com isso começamos a notar muitas outras.

Tais mensagens sutis enviadas pelo acaso constituem um instrumento de magia consciente que podemos potencializar de várias formas:

- *Prestar mais atenção ao que acontece ao nosso redor.* Encontros, conversas, leituras, filmes... A sincronicidade costuma se esconder nos detalhes mais cotidianos, por isso exige uma postura de curiosidade e observação.

- *Escrever um diário.* Anotar experiências do dia a dia nos torna mais conscientes dos matizes da realidade e nos treina para descobrir as mensagens sutis do acaso. Na opinião do psiquiatra Stanislav Grof, quando registramos alguma sincronicidade, podemos interpretá-la como se fosse um sonho.
- *Conversar com pessoas criativas.* Jung afirmava que as sincronicidades surgem com mais frequência na vida dos que passam por um momento de crescimento ou grande criatividade. Desse modo, conviver com pessoas assim nos ajuda a sintonizar nossa antena, pois elas podem apontar detalhes que nos passaram despercebidos.
- *Praticar a meditação* pode nos ajudar a perceber as casualidades de modo mais fácil, pois, além de nos ancorar no agora, onde elas aparecem, aumenta o alcance de nossa percepção.

Jung salientava que os momentos de crise e transformação são bastante férteis em sincronicidade, porque estamos muito mais atentos aos sinais que o destino nos manda. Nesse sentido, quando vivemos muitos momentos especiais, é como se a vida nos fornecesse pistas de que estamos no caminho certo.

PARTE II

Viver o *Ichigo-ichie*

A cerimônia da atenção

O significado da cerimônia japonesa do chá, em geral chamada de *chanoyui* – literalmente, "caminho do chá" –, vai muito além de um ritual sofisticado para se tomar uma infusão revitalizante.

É uma cerimônia que desperta os cinco sentidos da seguinte maneira:

- *Paladar.* Serve-se um chá da máxima qualidade para não decepcionar o paladar dos que se sentam à mesa. Basta tomar uma única xícara da infusão de grande pureza que seu sabor sobrevive por muito tempo na lembrança dos participantes.
- *Olfato.* O aroma intenso e fragrante da infusão também é importante, assim como o dos doces que acompanham a cerimônia. Quando realizada em uma casa de chá tradicional, soma-se a esses odores o cheiro da madeira, da terra úmida do jardim, das árvores...
- *Visão.* Os utensílios do chá, embora simples, apresentam beleza especial, pois parte da cerimônia tradicional consiste em admirá-los e elogiá-los diante dos demais. Os movimentos suaves do mestre do chá tam-

bém são um colírio para os olhos, considerando que há uma coreografia precisa ao longo do ritual.
- *Tato*. A xícara quente nas mãos antes de levá-la aos lábios ativa esse quarto sentido e simboliza o contato que o *chanoyu* promove com a serenidade do lar.
- *Audição*. Além do som da brisa nas folhas das árvores, se estivermos rodeados de verde, a cerimônia do chá moderna também implica uma etiqueta (que veremos mais adiante) que se escuta com total atenção. Dedicaremos o próximo capítulo a essa arte importante.

O *chanoyu*, portanto, constitui não apenas uma maneira de despertar os cinco sentidos, mas também de manter o foco no presente. Por isso, essa cerimônia é uma arte que vai muito além de tomar chá.

Dispostos a deter o tempo, viajaremos ao passado durante algumas páginas para entender como essa delicada arte se configurou.

Raku e kintsugi

No século XVI, o mestre Sen no Rikyu revolucionou o projeto da sala destinada à cerimônia do chá reduzindo-a a apenas dois tatames. Ele também era grande conhecedor dos diversos utensílios do ritual, a maioria dos quais, naquela época, vinha da China.

Em razão desse conhecimento, Rikyu decidiu criar o

próprio estilo de xícara, o *raku*, para tomar chá. Apoiado pelo amigo Chojiro, eles criaram um novo tipo de vasilha muito mais simples que a da China, na qual a beleza consistia na simplicidade.

Tanto a sala de chá de Sen no Rikyu quanto a criação do estilo *raku* lançaram as bases do que hoje em dia chamamos de estética japonesa.

Naquela mesma época, originou-se outro conceito-chave dessa estética com profundo significado para a alma humana: o *kintsugi*. Também chamado de *kintsukuroi*, é a arte japonesa de restaurar peças de cerâmica usando laca misturada com ouro em pó.

> *Kintsugi*, em japonês, se escreve 金継ぎ
> – *Kin* 金 : ouro
> – *Tsugi* 継ぎ : remendar ou juntar duas peças

A arte de restaurar peças de cerâmica quebradas já era conhecida na China, como se comprova no bucólico filme *O caminho para casa*, de Zhang Yimou, que apresenta o romance entre uma moça humilde e um culto professor de uma escola.

Sem outro recurso além da culinária para demonstrar seu amor, a moça sempre preparava a comida do mestre no mesmo pote, que, com o uso, acaba se quebrando. Muito triste com a perda desse recipiente de grande valor emocional, a personagem encontra a solução nas mãos de um artesão ambulante, praticante de uma técnica ancestral e quase desaparecida. Com perfurações precisas na cerâmica e com a ajuda de grampos, ele consegue recompor a vasilha que simboliza o amor.

A cultura japonesa sempre se distinguiu por reelaborar, às vezes com mais sofisticação, as tradições chinesas, e esse caso não é exceção.

Diz uma lenda que, há mais de cinco séculos, o xógum Ashikaga Yoshimasa enviou à China duas xícaras de chá, valiosíssimas para ele, que haviam se quebrado. As peças regressaram montadas com grampos, como fazia o artesão do filme. A princípio, o aspecto tosco do trabalho o desagradou, mas, com o tempo, Yoshimasa percebeu que aquela taça apresentava uma personalidade diferente do resto de sua coleção. Embora desgostasse da estética do objeto, Yoshimasa reconhecia que a peça tinha alma. Ele, então, pediu a artesãos japoneses que preenchessem as fendas e rachaduras restantes com o material mais nobre possível.

Foi assim que nasceu o *kintsugi*, método que apresenta linhas douradas entre as rachaduras, conferindo à peça uma nova estética.

Conta-se que Yoshimasa gostou tanto daquela estética que chegou a pedir a seus artistas que quebrassem de propósito outras peças, algumas muito valiosas, para consertá-las no mesmo estilo.

Filosofia do *kintsugi*

Essa tradição é um exemplo radical de *wabi-sabi*, que celebra a beleza da imperfeição. O *kintsugi* também pode ser considerado uma metáfora da vida, na qual acumulamos feridas e perdas.

Ter algumas feridas emocionais abertas, como uma xícara quebrada que não se recompõe, faz parte da vida. No entanto, podemos nos recompor dando valor ao que aprendemos com cada infortúnio ou fracasso. Assim, as cicatrizes mostrarão nossa história, como a laca dourada do *kintsugi*.

Tal qual uma delicada peça de porcelana, o coração humano pode sofrer danos, mas ocultá-los, por qualquer razão que seja, não resolve o problema. Os danos fazem parte de nossa história e nos trazem até onde estamos, motivo pelo qual merecem o brilho do ouro, que reflete uma luz – nesse caso, a nossa própria.

O TESOURO DE PHIL LIBIN

Phil Libin é um dos fundadores das empresas de tecnologia Evernote e All-Turtles. Além de grande inovador do Vale do Silício, ele também é conhecedor do Japão e vai muito a Tóquio, onde já se tornou presença constante nas conferências sobre tecnologia. Phil é grande fã de *Star*

Wars e, desde que fundou a Evernote, usou em seu escritório sua caneca de *O império contra-ataca*.

Um dia, porém, a caneca caiu no chão e se quebrou em mais de dez pedaços. "Varri os cacos para uma sacola plástica, mas estava triste demais para jogar fora", confessa ele.

Quando percebeu que o objeto poderia ser reconstruído com o *kintsugi*, ele levou todos os pedaços a um artista chamado Shunsuke Inoue, morador de Fukushima. Depois desse trabalho, a caneca que Phil usara durante tantos anos renasceu e voltou a acompanhá-lo em suas aventuras, com novo aspecto, no qual as linhas douradas contrastam com o negro de Darth Vader.

Phil garante que gosta mais dela assim do que antes. Nas próprias palavras dele: *"Não está só consertada. Com as novas rachaduras de laca dourada, sinto que ela está melhor."*

Na mais pura visão *wabi-sabi*, o *kintsugi* não pretende ocultar os defeitos, mas destacá-los e, assim, conferir nova personalidade ao objeto. Ter problemas é sinônimo de estar vivo, e, mais do que as épocas de paz, são as dificuldades e nossa forma de enfrentá-las que nos moldam no decorrer da vida.

As vasilhas rachadas

Um conto indiano muito bonito aborda a beleza e a utilidade das fissuras, evidenciando como, por causa delas, deixamos de enxergar o mais interessante e criativo de nosso ser.

O protagonista, um aguadeiro indiano, tinha duas grandes vasilhas que levava penduradas nas pontas de uma vara sobre os próprios ombros. Uma das vasilhas apresentava várias rachaduras, enquanto a outra era perfeita e lhe permitia reter toda a água no decorrer do caminho feito a pé entre o riacho e a casa do patrão. A vasilha rachada, porém, quando o aguadeiro chegava ao destino, continha apenas metade da água.

Durante vários anos, cada vasilha fez seu caminho com esse resultado desigual. A que era perfeita se orgulhava muito das próprias realizações, pois servia de forma impecável ao fim para o qual fora criada. Já a vasilha rachada se sentia muito envergonhada das rachaduras, pois cumpria apenas metade de sua obrigação.

Sua tristeza era tanta que, certa ocasião, ela decidiu falar com o aguadeiro:

– Preciso lhe pedir desculpas porque, para minha vergonha, por culpa das rachaduras, você só aproveita metade de minha carga, conseguindo apenas metade do dinheiro que poderia receber.

Cheio de compaixão, o aguadeiro respondeu:

– Quando voltarmos para casa, peço que observe as belíssimas flores que cresceram ao longo do caminho.

No caminho, a vasilha reparou que de fato havia muitíssimas flores lindas em toda a extensão da trilha. No entanto, ainda se sentia triste porque só metade da água chegava ao destino.

– Você percebeu que as flores só crescem em seu lado do caminho? – observou o aguadeiro. – Sempre soube que você estava rachada e encontrei o lado positivo: semeei flores pelo nosso trajeto, e, sem se dar conta, você as regou todos os dias. Graças a isso, agora existem todas essas flores. Se você não fosse assim, cheia de rachaduras, eu continuaria andando no deserto.

O *wabi-cha*

Voltemos a Sen no Rikyu, com quem começamos o capítulo, para contar a história do criador da palavra *wabi* e da cerimônia do chá *wabi-cha*, bem como de Takeno Jōō e Murata Jukō.

Lembremos também, conforme contamos na introdução, que um dos discípulos de Sen no Rikyu foi o primeiro a registrar a expressão *Ichigo-ichie*, nas próprias anotações pessoais.

Conhecer a essência do *wabi-cha* nos ajudará a entender melhor por que a palavra se originou da prática dessa disciplina.

Entre os diversos estilos da cerimônia do chá, a característica que diferencia o *wabi-cha* é a ênfase na simplicidade.

No período Muramachi (1336-1573), a cerimônia do chá se disseminou pelo Japão com utensílios importados da China, os quais apresentavam desenhos complexos. O *wabi-cha* surgiu como reação a essa artificialidade, priorizando utensílios fabricados artesanalmente no Japão, com desenhos muito mais simples.

Além dos utensílios minimalistas, o *wabi-cha* também simplificava ao extremo o lugar onde se praticava a cerimônia.

As salas projetadas por Sen no Rikyu tinham o tamanho exato para abrigar duas pessoas. Uma das salas de chá originalmente projetadas por esse grande mestre ainda existe hoje em dia. Considerada tesouro nacional, ela se chama Taian e fica bem ao lado da estação de Yamazaki, no sul de Quioto. A estrutura da sala Taian é usada desde então como padrão para outras salas onde se pratica o *wabi-cha*. Nela:

- Constam apenas dois tatames, com um pequeno lugar no canto para esquentar a água do chá. Até então, as menores salas tinham quatro tatames e meio.

- Mesmo pequeno, há no espaço um *tokonoma*, um nicho na ponta da sala de onde pende um pergaminho com uma mensagem poética, que pode ser o lema *Ichigo-ichie*. Ele é encontrado em todos os tipos de sala de chá.
- Um canto do reduzido espaço é reservado para a chaleira, que se mantém quente sobre a areia ou, modernamente, sobre o fogão.

Ilustração de sala de chá projetada de acordo com o padrão de Sen no Rikyu. O espaço comporta apenas um tatame para cada pessoa: o convidado e o mestre da cerimônia.

O espaço minimalista do *wabi-cha* cria um universo único para nossos sentidos, do qual é difícil escapar para o passado ou o futuro. Ele nos "força" a nos concentrarmos no presente, pois na sala só há outra pessoa, dois tatames, o chá e o pergaminho com a mensagem.

Sen no Rikyu a projetou assim para que a prática do *wabi-cha* fosse simples e direta, sem distrações. Esse mestre mítico do chá acreditava que o *wabi-cha* era uma maneira de a pessoa conhecer a si mesma do modo mais sincero possível.

A ECONOMIA DE CORES

No Japão, quando uma cor sobressai, tenta-se não permitir interferências cromáticas. Por exemplo, como há verdes e ocres em abundância nos bosques, os templos budistas se camuflam como camaleões usando também madeira e outros tons naturais para não se destacarem da floresta, mas fazer parte dela.

Excepcionalmente, dentro do edifício principal de um templo budista é permitido usar mais variedades de tons, como o dourado, a fim de causar a sensação de que entramos em um universo ou espaço diferente.

Pode-se perceber a economia de cores nas salas com tatames onde se pratica a cerimônia do chá. Ao compor as paredes em tons semelhantes aos dos tatames, pretende-se que a atenção dos presentes não se perca em um amálgama de cores.

Quando o chá é servido, o verde da bebida se destaca de todo o resto.

Crie sua própria cerimônia do chá

Essa nossa ligação com o Japão nos proporcionou desfrutar o *chanoyu* em muitas casas de chá. Depois da aventura em Quioto com a qual começamos o livro, despedimo-nos de Tóquio em uma moderna casa de chá da cadeia Ippodo, onde reinava o silêncio e a harmonia.

A garçonete nos trouxe, com delicadeza, uma bandeja com o chá que cada um escolhera, à vista – e ao alcance do olfato – em uma pequena vasilha para nós mesmos o prepararmos, junto com a chaleira, a xícara e um doce.

Sem mestre do chá para executar o ritual, nós dois nos encarregamos de assegurar que aquele *chanoyu* fosse memorável, e, antes de nos despedirmos na porta do Narita Express – o trem veloz que liga a capital ao aeroporto internacional –, abraçamo-nos e nos despedimos dizendo: "*Ichigo-ichie*."

Os tempos mudaram, e nada nos obriga a realizar uma cerimônia do chá tão rigorosa quanto a de Sen no Rikyu, embora, quando se visita o Japão pela primeira vez, essa seja uma bela experiência.

Em nosso dia a dia, porém, o *chanoyu* pode ser realizado em qualquer lugar: em uma casa de chá pública, com os participantes em torno de uma mesa, e até na sala de casa, na companhia de amigos. O importante é que, ao servirmos o chá, permitamos que o tempo se detenha, afastando as preocupações, críticas e queixas cotidianas.

É necessário que os participantes da cerimônia o façam com o coração repleto de *Ichigo-ichie*, ou seja, devem ter a consciência de que o tempo que passarão tomando chá com os outros convivas é algo extraordinário e que não voltará a acontecer exatamente da mesma forma nunca mais.

A seguir, apresentamos algumas regras de etiqueta para nossa versão livre de *chanoyu*:

- O lugar do encontro deve convidar à calma, por isso desaconselhamos reunir-se em bares ou restaurantes com música alta ou estridente, ou em espaços muito expostos ao ruído do trânsito.
- Começaremos o encontro com a saudação *Ichigo-ichie*, para nos lembrar de que vamos viver juntos um momento que jamais se repetirá.
- Enquanto a cerimônia se desenrola, daremos espaço ao silêncio, sem a obsessão de "preencher o vazio" com uma conversa qualquer.
- Ao conversar, evitaremos qualquer tema que seja polêmico, desagradável ou estressante. Todo assunto que crie separação deve ser excluído da mesa.
- Em vez disso, daremos preferência a assuntos que façam os participantes se sentirem bem: comentários sobre a singularidade do lugar, a qualidade do chá e a beleza da chaleira; nossas descobertas artísticas ou culturais; recomendações de viagens, restaurantes, parques... Em suma, falaremos de tudo que nos dê prazer.
- A escuta constitui fator essencial para que todos se sintam parte da cerimônia; portanto, evitaremos interromper o interlocutor ou nos desligar pensando em assuntos nossos ou preparando a resposta que daremos.

- Para concluir o *chanoyu*, vamos nos despedir dizendo "*Ichigo-ichie*", para recordar que vivemos algo único, que não voltará a ocorrer da mesma maneira e, portanto, merece ser guardado em nosso coração.

UM CHÁ COM VOCÊ MESMO

Embora a cerimônia do *chanoyu* tenha sido concebida para pelo menos duas pessoas – tradicionalmente, o mestre do chá e o convidado –, é uma ideia magnífica tomar, regularmente, "um chá com você mesmo", como propunha o médico uruguaio Walter Dresel. Vivemos tão amarrados a compromissos e obrigações que um encontro com nós mesmos uma vez por semana pode ser um autêntico bálsamo para a alma.

É possível marcar dia e hora fixos toda semana, reservados rigorosamente na agenda, em um café ou casa de chá que lhe pareça inspirador. Depois de pedir o chá, presenteie-se com esse tempo para pensar, tomar notas em um caderno ou simplesmente respirar com calma e perceber o mundo com os cinco sentidos.

A arte de escutar

Hoje em dia, é difícil encontrar alguém que escute de verdade, porque entre as palavras do interlocutor e nossos ouvidos há todo tipo de filtro e obstáculo:

- Nossa opinião sobre a pessoa que fala.
- Todos os preconceitos e ideias preconcebidas sobre o que se fala.
- A preparação do que vamos dizer quando o outro acabar de falar.

Todos esses fatores contribuem para que a escuta seja muito superficial – isso quando não interrompemos diretamente a pessoa.

Para viver momentos de *Ichigo-ichie* junto aos outros, é essencial praticar a arte de escutar, dom que a natureza nos garante desde os meses anteriores ao nascimento.

Escutar antes de nascer

Os recém-nascidos já apresentam esse sentido desenvolvido, pois desde a metade da gravidez o feto consegue acompanhar as batidas do coração da mãe e outros sons produzidos dentro do corpo. No útero, ele percebe os ruídos da digestão e de tudo o que acontece em sua primeira casa.

A partir do sexto mês, o bebê é capaz de escutar até o que acontece fora do corpo da mãe, e não é fantasia alguma quando os pais contam que a criança reage a suas palavras dando pontapés e se mexendo, agitado, dentro da barriga.

Além disso, já se provou que, antes de nascer, somos sensíveis à música, assim como a qualquer som que se produza na casa.

Essa atenção inata continua se desenvolvendo depois do nascimento, mas, à medida que a pessoa cresce, as distrações externas e internas passam a minar sua capacidade de perceber com clareza o que acontece a seu redor.

CONECTADOS OU SEPARADOS

"Quando alguém fala, passamos a maior parte do tempo planejando o que vamos dizer, avaliando o interlocutor, pretendendo nos apresentar ou tentando controlar a situação de algum modo. A escuta pura, contudo, consiste em abrir mão do controle. Não é fácil e exige treinamento.

Resumindo: quando nos escutam, nos sentimos conectados. Por outro lado, quando não nos escutam, nos sentimos separados."

TARA BRACH, *THE SACRED ART OF LISTENING*

Poluição sonora

Em nossa cerimônia personalizada do chá, insistimos na importância de que os participantes se reúnam em um lugar tranquilo, sem música estridente, porque existe uma relação direta entre o ruído e nossa capacidade de atenção, que é muito prejudicada pelo estresse.

Calcula-se que, quando alguém fala enquanto tentamos ler ou escrever, nossa produtividade cai cerca de 66%.

No extremo oposto, uma experiência realizada no metrô de Londres demonstrou que sons agradáveis podem reduzir a criminalidade. As autoridades desse meio de transporte decidiram tocar música clássica em uma estação com alta incidência de roubos e assaltos. Para surpresa dos promotores da iniciativa, segundo reportagem publicada no jornal *The Independent*, os roubos diminuíram cerca de 33%, e os ataques aos usuários do metrô, aproximadamente 25%.

Também é bastante interessante ver como as populações não expostas a poluição sonora desenvolvem uma capacidade auditiva extraordinária. Por isso, os nativos da selva, os camponeses que trabalham sem maquinário e as monjas ou monges são a parcela da população que melhor escuta.

Entre os primeiros estudos realizados por antropólogos, vários verificaram que os integrantes da tribo maban, na África, conseguem perceber um murmúrio a 100 metros de distância.

Alguns segredos para escutar melhor

Tanto para praticarmos o *chanoyu* ou outra comemoração quanto para nos entendermos melhor com o cônjuge, a família, os amigos ou os colegas de trabalho, estas simples medidas melhorarão a qualidade da nossa própria escuta e, portanto, da escuta dos outros:

- *Procure um lugar adequado para as conversas importantes.* Um escritório com pessoas falando e telefones tocando não é o melhor ambiente para uma comunicação profunda, muito menos uma sala com televisão ligada e música alta. A primeira condição para uma boa escuta consiste em evitar ao máximo qualquer fonte de poluição sonora.
- *Olhe seu interlocutor nos olhos.* Com isso, transmitimos à pessoa que ela é importante para nós e que estamos totalmente presentes. No entanto, o olhar não deve ser intimidador. É preciso que estejamos atentos à linguagem não verbal da outra pessoa para garantir que ela se sinta à vontade, por exemplo, com a distância a que estamos dela. Essa informação valiosa nos permitirá fazer ajustes.
- *Apague as interferências mentais.* Como já comentamos, temos a tendência natural a pôr filtros entre nós e o interlocutor. O segredo é não julgar. Se nos limitarmos a escutar o que nos dizem com a mentalidade neutra de quem pratica meditação *zazen*, escutaremos a mensagem completa e a pessoa se sentirá bem

cuidada. Para isso, é preciso não apenas evitar que a mente divague, mas também manter a disciplina de estar presente.

- *Pergunte sem interromper.* É importante não cortar a pessoa que está falando, pois isso sempre gera frustração. No entanto, fazer perguntas que demonstrem que estamos atentos tem seu valor. Elas podem dar às pessoas a chance de aprofundar o que nos contam e mostrar que não perdemos o fio da meada. Para isso, podemos intervir dizendo, por exemplo: "Com isso, você quer dizer que...?" Essa escuta ativa será um verdadeiro presente para nosso interlocutor.
- *Não dê conselhos que não foram pedidos.* Pode ser difícil não sugerir soluções quando alguém nos conta um problema, mas geralmente o que a outra pessoa quer é ser escutada, e não que lhe digam o que fazer. Se considerarmos que temos algo valioso com que contribuir para a situação que nos relatam, podemos perguntar: "Você me permite lhe dar um conselho?" ou, então, dar nossa solução de maneira indireta: "É lógico que só você sabe o que é melhor fazer, mas, se eu estivesse na sua situação, faria..."

Ao abordarmos as conversas com essa disposição de respeito e atenção, aumentaremos a possibilidade de que cada encontro, além de estreitar os laços, acabe se tornando inesquecível.

A arte de olhar

Atualmente, a visão é o sentido mais desenvolvido do ser humano, embora seja uma pena que hoje passemos mais tempo olhando a vida pela tela de aparelhos do que diretamente. Por mais que a internet seja uma boa fonte de distração, é impossível viver algo memorável em sites e redes sociais, pois as informações nesses meios são descartáveis: o que aparece agora na tela e que compartilhamos com os outros provavelmente será esquecido em 24 horas.

Para viver experiências *Ichigo-ichie*, é necessário recuperar a capacidade de voltar a ver a vida com os *olhos*.

Olhar e ver

Noventa por cento das informações que chegam ao cérebro são visuais, mas isso não significa que sabemos usar esse sentido tão primordial para a maioria das pessoas. Muita gente *olha sem ver*, ou seja, não presta verdadeira atenção ao que há diante dos olhos.

Certa vez Ronald Reagan, quando ainda tinha boa saúde, compareceu a uma cerimônia universitária de entrega de prêmios. O presidente norte-americano, famoso pela grande inteligência social, sabia se conectar ao grupo e agradar a todos com sua simpatia aonde quer que fosse. Naquele evento acadêmico, entretanto, dizem que ele não reconheceu o próprio filho – um dos premiados – a apenas 1 metro de distância. Estava tão concentrado em cumprir seu papel diante dos refletores que, por alguns segundos, não viu quem estava bem a sua frente.

Isso é olhar sem ver, algo que nos acontece com frequência na vida cotidiana – e não apenas quando andamos na rua esbarrando em outros transeuntes enquanto mexemos no celular.

Ginástica para os olhos

Não estamos falando de um cego que recupera a visão, mas, em âmbito metafórico, o sentido é o mesmo. As iniciativas que propomos a seguir buscam afiar essa preciosa ferramenta para captar a beleza do mundo com o olhar.

- Como as cidades, além da poluição sonora, nos proporcionam uma overdose de estímulos, dê uma volta na natureza uma vez por semana para recuperar o poder da visão. Os bosques nos permitem experiências visuais fascinantes. Além de prestar atenção às diversas espécies de árvores e plantas, às aves e aos insetos que dão vida à natureza, fenômenos como o *komorebi* – o jogo de luzes do sol se infiltrando pelos galhos, a arte abstrata da natureza – nos ajudam a aguçar e enriquecer o sentido da visão.

- Quando caminhar de casa para o trabalho ou quando sair para resolver coisas na rua, em vez de agir como um zumbi com o celular, preste atenção aos detalhes da cidade que normalmente passam despercebidos. Observe os prédios, a cor do céu e a forma das nuvens que passam. Ou seja, utilize os olhos para apreciar o mundo que o rodeia como se estivesse em uma imensa galeria de arte.
- Quando se reunir com outras pessoas, além de prestar atenção no lugar onde se encontram, observe os detalhes e matizes que revelam o estado emocional e as intenções dos presentes. Como estão sentados? Com postura relaxada ou tensos, eretos ou afundados na cadeira? O que fazem com as mãos? Apresentam olhar fixo ou distraído? Esse enfoque nos proporcionará uma visão mais profunda, literal e, metaforicamente falando, de quem é quem e de como estão aqui e agora.

COMO OLHAR UM QUADRO

Vassíli Kandinski, um dos artistas mais importantes da vanguarda do século XX, dava o seguinte conselho para admirar a arte: "Entregue seus ouvidos à música, abra os olhos para a pintura e... deixe de pensar! Pergunte-se se conseguiu 'caminhar' em um mundo até então desconhecido. Se a resposta for sim, o que mais você quer?"

Os museus de artes plásticas são lugares magníficos para reaprendermos a arte de olhar. A seguir, apresentamos alguns segredos para uma experiência *Ichigo-ichie* entre as paredes de um museu:

- Um erro que às vezes se comete em um museu é querer "ver tudo". Nossa capacidade de atenção é limitada, então, depois de cinquenta ou sessenta peças, talvez até menos, nos sentimos sobrecarregados e cansados. Para evitar isso, escolha apenas uma parte da coleção ou mesmo as obras de um único artista que lhe interesse especialmente.
- Durante a visita, escolha de três a cinco quadros que lhe chamem mais a atenção. Se houver um lugar para sentar-se diante do quadro, melhor ainda.
- Dedique pelo menos cinco minutos para contemplar cada uma dessas peças. Depois de observá-las por inteiro, contemple os detalhes, deixando-se absorver pela tela, como se fizesse parte dela.
- Em seguida, faça a si mesmo perguntas como: Que história conta esse quadro? O que inspirou o pintor? Que emoções essa imagem me desperta? Há algo nela que eu relacione com minha vida?
- Caso seja uma pintura abstrata, concentre-se nas duas últimas perguntas.

- Antes de sair da exposição, se for possível adquirir na loja do museu um postal dessas peças, você pode usá-lo depois como lembrança do momento *Ichigo-ichie* que teve diante da obra.

A arte de tocar

O poeta Paul Valéry dizia que "*o mais profundo é a pele*", porque às vezes o tato é o sentido que nos provoca sensações com maior impacto emocional. Como esquecer a primeira vez que pegamos a mão da pessoa amada? Isso sem mencionar o primeiro beijo...

Há momentos *Ichigo-ichie* que têm o ponto culminante no tato, sentido ao qual não costumamos prestar atenção suficiente embora seja uma necessidade humana essencial.

Pesquisas realizadas pela Associação Americana de Psiquiatria concluíram que um simples abraço tem o poder de reduzir o nível de cortisol, hormônio do estresse que, quando produzido continuamente, pode ter efeitos devastadores sobre a saúde. Outro estudo, feito em 2010 pela Universidade de Miami, demonstrou que, com o abraço, os receptores da pele enviam um sinal à parte do cérebro encarregada de reduzir a pressão arterial.

Tocar e abraçar uns aos outros é benéfico, inclusive, como terapia preventiva de muitas enfermidades que põem nossa vida em risco.

Considera-se que quatro abraços por dia bastariam para favorecer a saúde emocional e física de alguém, mas, segundo Andy Stalman, especialista em relações internacionais, o ideal seriam oito abraços de seis segundos por dia. Ao que parece, essa é a duração mínima para que a oxitocina, o hormônio da felicidade, chegue ao cérebro, despertando sentimentos de afeto e confiança.

BENEFÍCIOS DO TATO

Além de criar momentos memoráveis, estimular o sentido do tato traz os seguintes benefícios:
1. Reduz a pressão arterial e facilita o relaxamento geral do organismo. Ajuda a aliviar a enxaqueca e confere melhor qualidade ao sono, o que explicaria por que dormimos melhor depois de fazer amor.
2. Transmite um sentimento de confiança e intimidade que não se consegue com palavras. Um conflito que não se resolve mesmo depois de muita discussão pode ser dissolvido com um grande abraço sincero.
3. Motiva o êxito. O Dr. Dacher Keltner, autor de *Born to Be Good: The Science of a Meaningful Life* (Nascido para ser bom: a ciência de uma vida significativa), assegura que os jogadores de um time que se parabenizam com abraços ou tapinhas apresentam melhor resultado do que aqueles que não interagem fisicamente.
4. Fortalece as relações. Os sexólogos observam que os casais que se tocam e se acariciam todos os dias têm

> um grau maior de empatia e têm relacionamentos mais duradouros do que aqueles que usam o tato apenas nas relações sexuais.
> 5. Melhora o ânimo. Depois de um dia ruim, um bom abraço ou uma massagem relaxante podem dissolver a negatividade acumulada.

A descoberta de Boris Cyrulnik

Divulgador do conceito de *resiliência*, esse neurologista e psiquiatra francês, que sofreu o horror dos campos de concentração, estuda há meio século a importância do afeto no equilíbrio humano.

Depois da queda de Ceaușescu, o Dr. Cyrulnik trabalhou, na Romênia, com crianças órfãs que não receberam carinho nos dez primeiros meses de vida. Um estudo neurológico demonstrou que essas crianças tinham o lobo pré-frontal e a amígdala atrofiados.

Segundo o autor de *Os patinhos feios*, entre outros ensaios, isso ocorria pela falta de estímulo sensorial por parte dos cuidadores, que se limitaram a alimentá-las e lhes dar os cuidados médicos indispensáveis.

Entre as crianças que chegaram aos 5 anos, 10% apresentavam transtornos psicológicos graves, e cerca de 90% tinham conduta próxima do autismo, tudo causado pela falta de interação afetiva.

Em decorrência dessa situação, as crianças foram enviadas a famílias temporárias, que as trataram com muito carinho e atenção. Houve, então, um milagre: depois de apenas um ano, quase todas as crianças haviam se recuperado, e seus lobos pré-frontais voltaram a se desenvolver.

Atividades para estimular o tato

Se quisermos incluir os cinco sentidos em nossos momentos únicos, vale a pena exercitarmos regularmente o tato, sentido muitas vezes menosprezado. Apresentamos algumas ideias a seguir:

- Quando tocar algo com as mãos, como o tronco áspero de uma árvore, feche os olhos e imagine que possui olhos e ouvidos nas mãos.
- Acostume-se a tocar as coisas no dia a dia. Se for comprar roupas, antes de experimentar apalpe o tecido para conhecer sua textura.
- Quando sair à rua, tome consciência dos diferentes tipos de clima sobre a pele: perceba o frio ou o calor do sol, a umidade, a brisa...
- Caminhe descalço em superfícies que não oferecem risco de ferimentos – madeira, grama, terra limpa –, para despertar também a sensibilidade da sola dos pés. Sinta neles o peso do corpo e os movimentos que fazem para manter você equilibrado.

O mestre de xadrez Bobby Fischer, considerado um homem muito racional, disse certa vez que "*nada alivia tanto o sofrimento quanto as carícias humanas*". O sentido do tato, porém, não deve se restringir ao consolo. Assim como as crianças se dão as mãos formando uma roda, o tato pode fazer parte de nossa celebração da vida.

A arte de saborear

Com a popularização da gastronomia nas últimas décadas, o sentido do paladar ganhou cada vez mais destaque. Ainda assim, podemos continuar nos esforçando para lhe conferir experiências únicas.

Na Europa, por exemplo, os restaurantes da rede Dans le Noir surpreendem com uma proposta singular e, sem dúvida, memorável: jantar na escuridão total, sendo atendido por garçons cegos.

Inaugurada em Paris em 2004, é a primeira cadeia de restaurantes do mundo com tais características. Nela, os fregueses têm a oportunidade de viver experiências totalmente novas, como:

- Adivinhar o que estão comendo – o que nem sempre é fácil, pois, sem a ajuda da visão, as texturas e os aromas podem confundir o cliente.
- Tentar distinguir se estão tomando vinho tinto, rosé ou branco. Noventa por cento dos fregueses não conseguem.
- Ao jantarem às cegas, a única referência que os clientes têm das outras mesas são os sons, de modo que a audição se torna muito mais aguçada, como acontece com os cegos.

Uma maçã que é o universo

Inspirado na proposta dessa cadeia de restaurantes, o exercício a seguir busca obter a atenção plena que o monge vietnamita Thich Nhat Hanh propõe aos discípulos:

Não deve haver nada mais que ocupe sua mente quando mastigar uma maçã: nem projetos, nem prazos, nem preocupações, nem listas de afazeres, nem medos, nem dores, nem ira, nem passado, nem futuro. Só deve existir a maçã.

A menos que você tenha aversão a essa fruta – nesse caso você deverá escolher outro alimento –, é possível realizar da seguinte maneira o exercício de atenção plena:

1. Vende os olhos até se assegurar de que não consegue enxergar nada.
2. Pegue a maçã previamente lavada e sinta o peso e a firmeza dela, a sensação da casca na mão.
3. Em seguida, aproxime a fruta do nariz e sinta com calma seu aroma. Isso lhe permitirá também apreciar muito mais o sabor, já que paladar e olfato se potencializam mutuamente.
4. Dê uma pequena mordida na maçã. Antes de mastigar, sinta esse pedacinho sobre a língua – note a ação da saliva – e, depois, embaixo dela.
5. Em seguida, mastigue o pedaço de maçã como se fosse o único que existisse no universo.

HUMOR E SABOR

Uma pesquisa realizada em 2015 com um grupo de fãs de hóquei demonstrou como o estado de espírito influencia o paladar.

Quando a equipe local ganhava, os fãs apreciavam sabores de que antes não gostavam. No entanto, na situação contrária (a derrota do time), os pesquisadores comprovaram que o sabor doce perdia seu poder de atração e o amargo parecia mais desagradável.

Portanto, o bom estado de espírito – além de uma companhia agradável – é o ingrediente definitivo para desfrutarmos a comida.

Umami: o quinto sabor

O sentido do paladar teve suas origens em uma função essencial para a sobrevivência do ser humano, pois permitia aos homens primitivos conhecer características de alimentos que nunca tinham provado.

Assim, o doce indicava alimentos capazes de fornecer energia; o salgado, alimentos ricos em sais minerais essenciais para o organismo; o amargo e o ácido constituíam avisos de que o alimento que se pretendia comer podia ser perigoso.

Um quinto sabor especialmente apreciado pelos japoneses é o *umami*, ligado a alimentos com nível alto de aminoácidos.

No fim do século XIX, porém, ainda não tinha sido identificada a origem do *umami* (旨味: 旨 delicioso, 味 sabor, em japonês), sabor que sentimos quando comemos produtos fermentados, como um bom queijo ou um tomate maduro que não esteja doce nem ácido.

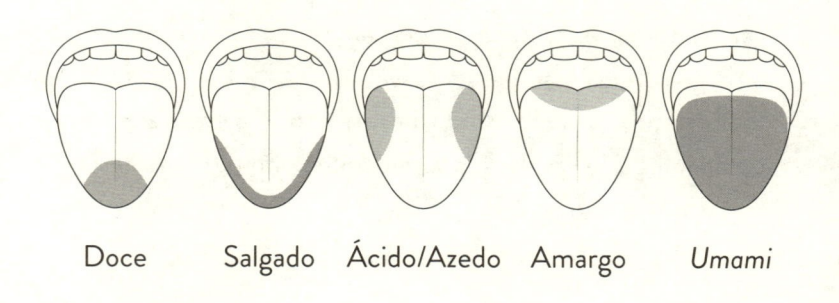

Doce   Salgado   Ácido/Azedo   Amargo   *Umami*

Essa ilustração mostra os pontos da língua nos quais diferenciamos os diversos sabores.

Outra curiosidade sobre o *umami* é que o leite materno, principalmente o dos seres humanos, é riquíssimo em glutamato, um dos aminoácidos mais presentes em alimentos como as algas *kombu*.

Durante uma experiência realizada com bebês japoneses, mediu-se, pela expressão facial, a reação dos pequenos ao provar alimentos com sabores amargo, ácido, doce e *umami*, demonstrando-se que, além do prazer que o doce lhes proporcionava, o *umami* gerava neles uma expressão de serenidade.

Embora os japoneses tenham descoberto esse sabor nas algas *kombu* e *katsubushi*, o *umami* também está presente na sopa de missô e no molho de soja.

Nos Estados Unidos, por exemplo, ele é encontrado no ketchup, mas há muitos outros alimentos relacionados com o "quinto sabor" na culinária do mundo inteiro.

Quando sentimos que um alimento não é doce, ácido, amargo nem salgado, mas está delicioso... é *umami*!

A arte de cheirar

Um fato que demonstra nosso pouco conhecimento sobre o olfato é que o ser humano consegue reconhecer até dez mil cheiros diferentes, mas a maioria das pessoas conta com pouco mais de dez adjetivos para defini-los.

Há algo muito especial no sentido mais misterioso que possuímos, pois ele trabalha com o invisível: é o que está mais ligado à memória.

Com certeza já lhe aconteceu o seguinte: você entra em um lugar onde sente um aroma conhecido. Pode ser um perfume, um purificador de ambiente, o odor da madeira ou de qualquer outra coisa, o fato é que aquele cheiro o obriga a parar. O aroma conhecido o transporta para outra época, talvez uma situação concreta, algum momento adormecido na memória que acorda de repente.

Em seu descomunal *Em busca do tempo perdido*, Marcel Proust descreve um momento epifânico com uma madalena molhada na xícara de chá:

> *[...] da mesma forma como opera o amor, enchendo-me de uma essência preciosa; ou, antes, essa essência não estava em mim, ela era eu. Já não me sentia medíocre, con-*

tingente, mortal. De onde poderia ter vindo essa alegria poderosa?

A máquina do tempo

Não inventamos a geringonça descrita por H. G. Wells em seu famoso romance de ficção científica, mas dispomos de um meio muito mais simples e instantâneo para nos transportar no tempo: o olfato.

Mais do que os outros sentidos, ele é capaz de nos remeter ao passado, resgatando momentos *Ichigo-ichie*, porque os aromas abrem caminho até o hipocampo e a amígdala, ambos relacionados ao aprendizado e às emoções.

Além disso, como já mencionamos, o olfato está intimamente ligado ao paladar. Por isso é que as pessoas que perdem a capacidade de sentir aromas também deixam de desfrutar a comida, pois não conseguem mais distinguir os sabores.

Quanto a viajar no tempo, Guillermo Bértolo, diretor de contas da agência Déjà Vu Brands, afirma: "*Nós, seres humanos, memorizamos uns 3% do que vemos, uns 5% do que ouvimos e uns 35% do que cheiramos.*"

Ainda que seja um cálculo difícil de comprovar, é claro que o olfato constitui nosso sentido com maior poder de recordação. O odor da terra úmida depois da chuva ou o cloro de uma piscina podem nos levar a tempos longínquos.

Entretanto, o poder sutil do nariz extrapola a memória e a apreciação dos sabores.

> ### UM DIÁRIO DE ODORES
>
> É possível potencializar essa antena tão sutil de nosso kit de percepção com um diário de odores. Para isso, toda vez que um aroma o transportar a determinado momento e lugar, anote-o em um caderno. Com o tempo, você formará uma "agência de viagens" de bolso: para pegar a passagem, você só precisará inspirar o aroma indicado, fechar os olhos e se deixar levar.

Primeiros-socorros olfativos

Nos templos da Ásia, usa-se o incenso para transportar os visitantes a "outro lugar"; é possível reproduzir essa mesma experiência em casa por meio de incenso ou velas aromáticas a fim de sintonizar outros lugares e estados de consciência.

A aromaterapia, arte praticada há milênios, tem sido usada na China, na Índia e no Egito para prevenir e curar enfermidades, inclusive as da alma.

Hoje em dia, atribuem-se propriedades especiais a três óleos essenciais muito usados:

- *Pinho para reduzir o estresse.* Em um estudo desenvolvido pela Universidade de Quioto, 498 voluntários realizaram, no mesmo dia, dois passeios de quinze minutos em um bosque de pinheiros. Ao terminar a experiência, as pessoas que antes sentiam raiva, nervosismo ou tristeza relataram grande alívio, comprovando-se que os mais estressados mostraram um nível maior de melhora. Mesmo que não tenhamos um bosque por perto, o aroma da essência de pinheiro pode nos proporcionar paz de espírito.

- *Lavanda para acalmar o sono.* Numerosos estudos indicam que essa planta de flores roxas atua como um excelente remédio contra a insônia, em razão de seus taninos, flavonoides e outras substâncias naturais que reduzem a ansiedade e favorecem o relaxamento muscular, facilitando o descanso.
- *Menta para obter concentração.* A menta é conhecida desde tempos ancestrais como revigorante da mente. Nos Estados Unidos muitos universitários a utilizam para potencializar a atenção durante o estudo. Além disso, serve para reanimar o corpo depois de um dia cansativo, sendo comum dissolver algumas gotas na banheira.

Na rede de lojas japonesa Muji, presente em muitos países, há esses aromas e muitos outros em forma de velas, incenso ou como essência para uso em vaporizadores elétricos. Em seu cardápio de variedades, encontramos raridades como o aroma de lenha queimada, surpreendentemente fiel ao natural.

Dado o vínculo entre odores e memória, se quisermos criar boas recordações para o futuro, podemos introduzir algum aroma especial para tornar qualquer momento memorável.

A LUA SOBRE A TORRE

O perfume japonês mais conhecido no mundo é o do estilista Issey Miyake.

Em 1992, Miyake lançou o perfume L'eau d'Issey (água de Issey). Para criar a imagem estilizada da embalagem, ele se inspirou na vista de seu apartamento em Paris, onde mora, em uma noite em que a lua cheia pareceu encostar na ponta da Torre Eiffel.

Esse artista, nascido em Hiroshima em 1938, tinha 7 anos quando a bomba atômica atingiu a cidade, e evitou falar sobre o tema a vida inteira. Ainda assim, Miyake garante que, ao fechar os olhos, revive "o que ninguém jamais deveria ter vivido"; em 1948, em razão da radiação causada pela bomba, a mãe de Miyake faleceu.

Sua dedicação ao mundo da moda, no entanto, relaciona-se com essa experiência terrível, pois, segundo as próprias palavras dele: "Todos almejamos o belo, o desconhecido, o misterioso [...], por isso prefiro pensar em coisas que possam ser criadas, e não destruídas, e que tragam beleza e felicidade."

PARTE III

A pequena escola do *Ichigo-ichie*

A arte das festas

Como dissemos, o *Ichigo-ichie* se origina na cerimônia do chá, uma festa com um ritual e um propósito muito definidos. Mas a arte de criar cerimônias que se sedimentam no coração sem dúvida não é exclusiva do Oriente: na Europa houve verdadeiros "mestres do chá" nos mais diversos campos de atuação. Um desses "mestres" famosos se chamava Étienne de Beaumont. Ainda que pouco conhecido fora da França, esse conde – mecenas, decorador, modista e libretista – se destacou pela capacidade de oferecer festas inesquecíveis no período entre as duas guerras mundiais.

Em 1918, depois de recrutar um grupo de militares afro-americanos, Beaumont organizou em Paris um enorme concerto de jazz. Seus bailes tinham temas como "o mar" ou "quadros célebres", que deveriam servir de inspiração para os convidados. Além disso, ele promovia as *"soirées* de Paris", caracterizadas pela mistura de cabaré, poesia, balé e teatro, que contavam com a participação de artistas como Jean Cocteau, Picasso e Erik Satie.

A última festa registrada promovida pelo conde foi o "baile dos reis e das rainhas", em 1949, com a presença de Christian Dior fantasiado de leão, o rei dos animais.

Sem dúvida, Étienne de Beaumont sabia criar *Ichigo-ichie* nas festas, sem nunca repetir uma ideia. Os convidados tinham ciência de que se tratava de uma oportunidade única. O conde dominava a arte dos eventos sociais, transformando-os em acontecimentos imprevisíveis, em todos os sentidos. Tanto é que se atribui a Beaumont a seguinte frase: *"As festas são dadas principalmente para os que não são convidados."*

Radiografia de um fracasso

Muita gente concorda que se não houver amigos com quem conversar, a maioria das festas é tediosa.

Certa vez, fomos convidados para uma festa com excelente comida, todo tipo de bebida, decoração esmerada, velas, música...

Junto a uma caixa de som, alguém dançava sozinho, o que nos entristeceu de um modo estranho. O resto dos convidados, sentados em sofás e cadeiras, tinha expressões que variavam da timidez ao cansaço, chegando ao tédio. A maioria não se conhecia e, ao final da noite, parecia que todas as "conversas de elevador" já haviam se esgotado.

O que falhara? A festa parecia ter tudo para satisfazer os convidados: boa comida e bebida, um lugar confortável e bem decorado, música suave, ambiente agradável...

No entanto, na verdade faltava o ingrediente-chave, que não teria escapado a Étienne de Beaumont: um roteiro. Os organizadores não previram nenhum tema ou surpresa que tornasse o evento memorável.

Segredos para uma festa *Ichigo-ichie*

Assim como um romance ou um filme caracterizados por uma mera sucessão de fatos sem trama definida nos aborrecem, uma comemoração singular deve se inspirar em algo especial que seja o pretexto ou o centro do evento.

Quando jogadores de RPG ou fãs de qualquer outra coisa se reúnem, esse centro fica evidente e o encontro adquire rapidamente um "roteiro" e uma razão de ser. Mesmo que seja apenas um grupo de amigos vendo futebol pela televisão, o ritual está definido, e todos vão se divertir juntos, ainda que o time perca.

Em uma festa desprovida de um objetivo concreto – no último exemplo, assistir a um jogo na TV –, se os participantes não estiverem conectados por uma química especial, o encontro logo descambará para o cansaço e o tédio.

No entanto, assim como o mestre do chá prepara cada detalhe da cerimônia, se o organizador da festa tiver um roteiro do ritual para que os convidados tenham boas lembranças, tudo mudará.

Quando organizarmos algum evento que envolva *Ichigo-ichie*, a principal pergunta que devemos nos fazer é:

Pelo que a festa será lembrada?

A resposta a essa pergunta será o "roteiro" da reunião. Vejamos alguns exemplos de festas com fio condutor:

- Um concerto oferecido pelo próprio anfitrião ou por um artista convidado. Isso criará expectativa e proporcionará um ponto de atenção para os tímidos ou para aqueles que não estiverem dispostos a conversar.
- A projeção de um breve documentário sobre um determinado país, se a comida foi inspirada na cultura desse lugar. Tal surpresa dará ao encontro um caráter temático que agradará aos convidados, e estes, quando se referirem ao evento, dirão: "Lembra-se daquela noite coreana na casa de...?" Esse recurso simples imprimirá alma e significado ao que acontecer no ambiente, como ocorre no *chanoyu*.
- Uma missão que envolva todos os participantes. Por exemplo, um encontro de fim de ano a que cada convidado leve um objetivo para o ano seguinte, visando receber apoio e ideias dos outros para atingi-lo.
- Um jogo coletivo que permita às pessoas se conhecerem melhor. Por exemplo, cada um deverá levar ao encontro um objeto significativo e, no momento da ceia ou da reunião, expor por que aquilo lhe é tão especial: que lembranças ou sentimentos desperta, que mensagem lhe traz. O jogo transformará a noite em um momento mágico, deixando recordações significativas nos arquivos mentais dos participantes.

O segredo do tema ou ritual é ser *emotivo*. Em outras palavras, deverá estimular a emoção dos presentes.

Isso envolve:
- Conhecer a sensibilidade dos participantes (também para evitar temas que possam ofendê-los).
- Procurar um terreno agradável onde todos se sintam incluídos. Para isso, basta responder à pergunta: "O que nos une?"

O ORÁCULO SELVAGEM

Os surrealistas, como André Breton e os amigos dele que se aventuraram pela vanguarda artística, costumavam recorrer à sorte para criar novos significados sugestivos em suas reuniões – que, sem que soubessem, tinham o espírito *Ichigo-ichie*.

Um jogo bastante pertinente para quebrar o gelo de uma reunião demasiadamente formal é o "oráculo selvagem", norteado por um procedimento muito simples:

1. Entrega-se a cada participante, além de um lápis ou caneta, meia folha de papel em branco ou uma folha dobrada ao meio.
2. Em seguida, pede-se aos participantes que escrevam em uma face da folha uma pergunta referente a algo que gostariam de saber sobre si mesmos. A pergunta deve começar com "Por que...?" e ser formulada na

primeira pessoa do singular. (Exemplo: "Por que fico sempre de mau humor quando me levanto da cama?")

3. Então, solicita-se aos participantes que virem a folha e escrevam a primeira resposta que lhes passar pela cabeça, mesmo que não tenha relação com a pergunta redigida. Devem começar com "Porque" e usar "você". (Exemplo: "Porque você nasceu tarde demais.")

4. Em seguida, o grupo é dividido em dois. Os primeiros perguntarão o que querem saber sobre si mesmos, e os segundos responderão com as palavras que escreveram ao acaso. (Exemplo: "Por que fico sempre de mau humor quando me levanto da cama?" Resposta: "Porque você nasceu tarde demais.")

5. Depois, os participantes trocam de papel para que quem respondeu faça sua pergunta e obtenha a resposta.

Esse jogo, muito mais divertido e revelador do que parece, tem como objetivo comprovar como o acaso nos oferece conexões que fazem sentido, ajudando-nos a chegar a soluções que nunca encontraríamos por meio do pensamento lógico. Assim, ele supõe um treinamento do chamado pensamento lateral. Além disso, em virtude do caráter pessoal das perguntas, marcará o início de conversas interessantes entre os presentes, que não esquecerão esse curioso exercício.

Um romance permanente

Alguns casais, quando falam sobre seu relacionamento, dizem que o parceiro já foi conquistado. Na verdade, a conquista deve acontecer todos os dias.

O segredo dos casais em relações duradouras é compartilharem muitos momentos *Ichigo-ichie*. Portanto, não deixam de valorizar nenhum aspecto da convivência e trabalham com os detalhes do dia a dia para que a chama não se apague.

Para isso, fogem da inércia, elemento responsável por uma vida tediosa e sem surpresas, com um roteiro que não varia: café da manhã apressado, trabalho, jantar em casa, dormir na frente da televisão, ir se deitar.

Um dia após o outro, a mesma rotina gera apatia e, às vezes, aventuras extraconjugais, que talvez não ocorressem se ambos tivessem conseguido conservar a química do início.

Com o espírito do *Ichigo-ichie*, pelo menos uma vez por semana pode-se tomar a iniciativa para que nem tudo seja sem graça e previsível. Dois exemplos:

- Dar um presente – de valor emocional, não há por que ter custo – sem nenhuma razão especial.
- Transformar a sala da casa em um restaurante romântico, com boa música ambiente, velas, louças e talheres caprichados. Vale até pôr na mesa o cardápio impresso dos pratos que serão servidos.

O essencial é romper a inércia cotidiana por meio da criação de uma história que valha a pena recordar. De fato, quando se trabalha conscientemente o *Ichigo-ichie*, criam-se as recordações que continuarão unindo o casal.

Se a intenção é olhar para trás com saudade e felicidade, não se pode permitir que o presente seja uma simples sucessão de dias. Lembremos, portanto, que a magia é ativada por nossa vontade de converter cada encontro em um momento especial.

O *Ichigo-ichie* no trabalho

Quem disse que uma reunião de trabalho tem que ser chata? Por que não aplicar a arte das festas a uma atividade que ocupa um terço de nossa vida ativa?

Em respeito ao conceito, nós, autores deste livro, quisemos que nossa apresentação na Feira do Livro de Londres tivesse um espírito genuinamente *Ichigo-ichie*. Portanto, em vez de uma apresentação típica na mesa do centro de agentes, decidimos organizar para nossos editores um evento especial e memorável:

- Alugamos uma casa de chá japonesa no bairro de Fitzrovia, no centro de Londres, e convidamos os editores para uma reunião às 19 horas, depois de um dia exaustivo na feira.
- Na sala reservada para eles, o pessoal da casa serviu três tipos de chá: *genmaicha*, *kukicha* com flores de *sakura* e um banchá macrobiótico, além dos doces adequados para nossa cerimônia particular de *chanoyu*.

- Preparamos um breve vídeo sobre o *Ichigo-ichie* no Japão, projetado no salão de chá como recepção aos convidados.
- Depois de entregar aos editores um resumo do livro e explicar-lhes os conceitos principais, o chá e os doces começaram a ser servidos respeitando o gosto de cada um, enquanto ao fundo tocava o álbum *BTTB* ("Back to the Basics" – De volta ao básico), de Sakamoto, nosso disco favorito desse músico japonês.
- Assim, nossos editores do mundo inteiro puderam relaxar conversando em um ambiente e em uma cerimônia puramente japoneses.
- Despedimo-nos de todos os presentes com um "*Ichigo--ichie*", muito felizes de ter compartilhado com eles uma noite inesquecível.

Em essência, a arte das festas, independentemente de sua natureza – seja uma convenção ou um jantar a dois –, norteia-se pela vontade de criar uma experiência singular que embeleze a vida de todos.

E, para sermos bem-sucedidos, além da atenção e de um ritual emotivo, só precisamos de amor, como cantavam os Beatles. O sucesso do encontro será proporcional ao carinho e às horas de preparação, algo em que os japoneses, grandes amantes do detalhe, são verdadeiros mestres.

Atenção plena coletiva

No início deste livro, citamos Yamanoue Soji, o mestre do chá que, em 1558, mencionou pela primeira vez o conceito que estamos incorporando a nossa vida. O sentido do que ele disse foi: *"Trata teu anfitrião com* Ichigo-ichie."
    O que ele quis dizer com tais palavras? O que significa tratar o convidado como se o encontro fosse acontecer uma única vez na vida?
    Antes de tudo, implica prestar atenção: ao que estamos fazendo, às necessidades do outro – por exemplo, perceber quando devemos nos calar –, à magia do instante em comum.

A fonte de (quase) todos os conflitos

Grande parte dos problemas do dia a dia se origina da falta de atenção aos outros – o que, em larga escala, se traduz em conflitos políticos e até bélicos.
    Em nosso mundo globalizado, embora possamos nos conectar com milhares, milhões de pessoas, é raríssimo encontrar alguém que escute. E ouvir é um dom essencial,

conforme abordado no capítulo dedicado a esse sentido. Quando não temos a capacidade de escutar, os gritos substituem as palavras e nossa tagarelice mental substitui a compreensão profunda daquilo que o outro precisa nos dizer.

O *Ichigo-ichie* envolve um apelo para recuperar o poder da atenção do cônjuge, dos amigos, da família, dos colegas de trabalho, da sociedade e do mundo inteiro.

A consciência de que esse momento pode ser o último nos devolve ao presente, assim como faríamos ao escutar as últimas palavras de alguém prestes a falecer. E tal imagem não é aleatória. Só seremos capazes de receber tudo o que os outros têm e são quando estivermos plenamente presentes para eles.

Em um mundo superpovoado e repleto de conflitos, mais do que nunca precisamos deixar de olhar o próprio umbigo em prol de uma conexão mais significativa com todas as pessoas. A prática da atenção e o exercício da consciência comunitária podem salvar o mundo.

Um novo tipo de atenção plena

A maior parte dos exercícios de atenção plena se voltam à prática da atenção individual. Ou seja, por meio de treinamentos como o MBSR (Mindfulness-Based Stress Reduction, ou "redução do estresse com base na atenção plena"), criado pelo Dr. Jon Kabat Zinn, aprendemos a tomar consciência de nosso corpo, nossas emoções e nossos pensamentos.

Assim, no decorrer do curso, que tem duração aproximada de oito semanas, os alunos aprendem a prestar atenção à respiração e a cada um dos membros do corpo; estão ancorados no presente ao descansar, ao caminhar, inclusive quando seu espaço mental é invadido por uma nuvem de pensamentos nervosos.

Como passar dessa atenção e presença individuais à atenção plena coletiva? De que maneira sair de nosso mundo interno, com nossas percepções, juízos e necessidades, e viajar até o mundo do outro para dividir momentos únicos e profundos?

Segundo Andrés Martín Asuero, pioneiro da atenção plena na América Latina e nosso mestre de MBSR, a prática da atenção em si mesmo facilita imediatamente a conexão com os outros, conforme assegurou em uma entrevista: "A prática da atenção plena nos ajuda a perceber o que fazemos, como fazemos, como nos sentimos com o que fazemos e como os outros se sentem. E, a partir desse conhecimento, colocamos em andamento procedimentos, mecanismos, atitudes voltadas para a harmonia pessoal e com os outros."

Vejamos algumas maneiras de potencializar essa capacidade de estarmos *atentos aos outros*:

- *Desconectar qualquer dispositivo* quando alguém se dirigir a nós. É humilhante contar alguma coisa a alguém que olha de soslaio o celular ou que até mesmo mexe no aparelho, atitude observada hoje em dia até nos parlamentos e Congressos.
- *Escutar as palavras, mas também o corpo do outro.*

Com os gestos, a postura, o tom de voz e o olhar, o outro nos transmite como se sente em relação a si e a nós. Por isso, a atenção plena implica estarmos conscientes disso tudo para sermos capazes de enxergar a situação emocional do outro.

- *Fazer perguntas sem ser invasivo.* Para muitos, é frustrante explicar algo que consideram importante, talvez um problema cuja resolução desconhecem, e só obter como resposta o silêncio e um tapinha no ombro. Não se trata de dar soluções nem de assumir responsabilidades que não nos cabem, mas algumas perguntas bem formuladas, com a escuta ativa de que já falamos, oferecem ao interlocutor um duplo benefício: a) perceber que estamos prestando atenção e b) ver o assunto por um outro prisma, ao falar sobre aspectos que talvez não tenham sido abordados.
- *Simplesmente acompanhar.* Muitas vezes, o outro não necessita nem de nossa opinião nem de nossas perguntas. Algumas pessoas só precisam se sentir apoiadas, saber que estamos ali, compartilhando com elas sua dor ou sua preocupação.
- *Saber deixar em paz.* Em situações de muita tensão, o melhor favor que prestamos a quem está fora de si é lhe dar privacidade. Por mais que tenhamos vontade de resolver um conflito, se a outra parte está transtornada demais, a solidão talvez seja o melhor remédio. E, se a pessoa estiver irritada conosco, atenção plena também significa aceitar a irritação e nos afastar.

METTA-BHAVANA

É comum sermos incapazes de viver o momento em razão do acúmulo de ressentimentos, de contas pendentes com os outros. E, como vimos no início deste livro, é impossível estarmos no passado e no presente ao mesmo tempo.

Mas como nos livrarmos dos sentimentos de hostilidade por aquelas pessoas que, segundo nossa percepção, nos prejudicaram, nos trataram de forma injusta ou não corresponderam a nosso amor ou a nossa amizade?

A meditação budista em cinco fases serve não só para aplacar a raiva que nos afasta do instante presente, mas também para transformar a negatividade em amor, compreensão e amizade por todos os seres.

Para praticar o *metta-bhavana*, que se traduz como "desenvolvimento da terna bondade", basta seguirmos estes cinco passos:

1) Sente-se e envie sentimentos de carinho, amor e boa vontade a si mesmo. Não se trata de pensar, mas de sentir essas emoções.
2) Então, pense em um amigo ou uma amiga que não seja cônjuge nem parente e procure desenvolver sentimentos de amor ainda maiores por essa pessoa.
3) Em seguida, escolha uma pessoa "neutra" – pense em alguém que lhe seja indiferente – e concentre-se

em lhe enviar sentimentos de ternura e humanidade. Abrace essa humanidade.

4) A seguir, pense em alguém difícil, ou mesmo um inimigo, que lhe desagrade profundamente, e esforce-se para desenvolver esse mesmo sentimento de carinho, bondade e compreensão por essa pessoa.

5) Para terminar, reúna mentalmente essas quatro pessoas – você, o amigo, a pessoa neutra e o inimigo – e tente manter sentimentos de ternura pelos quatro. Visualize de que modo esse amor se propaga em seu ambiente pessoal, em sua cidade, em seu país, pelo mundo inteiro.

O mundo inteiro está convidado

A prática da atenção plena com os outros não é indicada apenas para aplacar dores e conflitos; ela também é muito útil em ambientes sociais de lazer, como os apresentados no capítulo anterior.

Para entender esse processo em um contexto lúdico, recorremos ao caso singular de Jim Haynes, um boêmio norte-americano radicado em Paris que, quando terminamos de escrever este livro, tinha 84 anos.

Jim, um ativista da contracultura, tornou-se um mito vivo na capital francesa pelos concorridos jantares de domingo que oferece no ateliê onde mora – que, segundo dizem, pertenceu a Matisse –, no bairro parisiense de Montparnasse.

Qualquer pessoa pode comparecer a esses jantares, que são totalmente *Ichigo-ichie*, porque ninguém se conhece e dificilmente os participantes serão os mesmos a cada encontro.

Para comparecer, é preciso obter o telefone de Jim e ligar-lhe para fazer parte do jantar, que é preparado cada domingo por um chef diferente – de forma gratuita, porque é considerado algo *cool*. O lema do anfitrião é: "O mundo inteiro está convidado."

As pessoas que vão chegando pagam uma quantia simbólica, como forma de contribuírem com a comida e a bebida oferecidas, mas o mais interessante é ver Jim Haynes em ação (um dos autores deste livro esteve em um dos jantares). Sua maneira de conduzir a refeição é um exemplo típico de atenção plena coletiva.

Enquanto vão se servindo de diversos pratos, os convidados passeiam entre as estantes para olhar os livros que Jim publica por seu próprio selo, Handshake ("aperto de mãos"), que conta com títulos como *Trabalhadores do mundo, uni-vos!* e *Obrigado por vir! Uma biografia participativa.* No momento da visita, ele tinha a intenção de escrever *Cozinhar para cem*.

Mas vejamos como a atenção plena do anfitrião a tudo o que acontece torna esses jantares singulares para desconhecidos.

Do alto de um banco, Jim Haynes observa todos os convidados meio desorientados que circulam pelo ateliê e vai indicando quem deve falar com quem.

Alguns exemplos:

– Você, de suéter amarelo! Largue esse livro e vá conversar com a moça de óculos que está no sofá.
Ou:
– Vocês dois, é, vocês aí. Já estão conversando há muito tempo. Proponho que conheçam aqueles dois senhores muito interessantes que estão servindo o tabule.
Ou então:
– Uma japonesa está quase dormindo sob o abajur... Ninguém vai conversar com ela?

A ideia primordial é ninguém se sentir excluído.

Em cima do banco, é absoluta a atenção de Jim ao que acontece no ateliê. Como um maestro, ele aplica a atenção plena à arte de apresentar desconhecidos uns aos outros. Segundo os tipos e as atitudes que observa, vai juntando as pessoas para conversar. Dizem que desses jantares para combater o desânimo dos domingos saíram casais e amizades para a vida inteira.

Por trás desse campeão das apresentações que há mais de três décadas cria *Ichigo-ichie* pelo menos uma vez por semana, parece pulsar a filosofia do célebre poema escrito por John Donne em 1624:

Nenhum homem é uma ilha, isolado em si mesmo;
todos são parte do continente, uma parte do todo.
Se um torrão de terra for levado pelas águas até o mar,
a Europa ficará diminuída,
como se fosse um promontório, como se fosse o solar
de teus amigos ou o teu próprio.

Para voltar ao agora

No capítulo dedicado a Steve Jobs e ao budismo, mencionamos a *metacognição*, entendida como a capacidade dos seres humanos de inspecionar a própria mente. Jobs a praticava sentado em posição de *zazen* diante de uma parede.

É claro que, para observar os próprios pensamentos, não é preciso detonar as costas em uma almofada de meditação nem estar sob a orientação de um mestre zen. Basta sentar-se em um lugar tranquilo, sem muito ruído, e observar, com total neutralidade, o que se passa na tela mental, sem qualquer julgamento.

Portanto, a metacognição equivale a trazer o foco da atenção de fora para dentro e perguntar: *"O que estou pensando?"*

Como em um céu tempestuoso, se observarmos, veremos circularem recordações, ideias, emoções agradáveis ou perturbadoras, crenças, pensamentos sensatos ou malucos...

Mesmo que as cenas desse cinema interior sejam uma aberração, deve-se manter a neutralidade, porque a base dessa prática está na frase: *"Você não é seus pensamentos."*

Nesse exercício de metacognição, ao separar o observador do observado, é possível desapegar-se da própria mente, pois se observam os processos. O resultado é uma calma inaudita.

Quando deixa de se identificar com nossos pensamentos, o ego se dissolve, e fluímos plenamente com o instante, ao mesmo tempo que compreendemos, de forma intuitiva e profunda, a natureza da realidade. São momentos de epifania, um *Ichigo-ichie* solitário, instantes de tanta lucidez que iluminam uma vida inteira.

A RESPOSTA DE MAHARSHI

Em um artigo sobre o Advaita – a experiência mística de unidade com o Todo, presente já nas origens do hinduísmo –, a ensaísta Anna Sólyom mencionava o encontro, em 1944, entre Papaji, ainda jovem, e Sri Maharshi. Papaji dirigiu ao grande mestre indiano uma pergunta que já havia feito a todos os gurus e a todas as pessoas elevadas espiritualmente que conhecera em sua longa busca:

– O senhor pode me mostrar Deus? Se não puder, conhece alguém que possa?

– Não posso lhe mostrar Deus nem mesmo permitir que o veja – respondeu Sri Maharshi –, porque Deus não é um objeto que possa ser visto. Deus é o sujeito. É ele quem vê. Não se preocupe com os objetos vistos. Descubra quem os vê.

Em vez de lhe dar uma visão de Deus, Maharshi guiou Papaji ao encontro de si próprio, conseguindo que, como na atual física quântica, o observador se fundisse com o observado. Assim ocorreu o início da iluminação dele.

Os inimigos do *Ichigo-ichie*

Enquanto nos aproximamos de uma visão zen específica da iluminação, o *satori*, totalmente conectado ao instante, façamos uma pausa para identificar os inimigos do presente, os hábitos e as atitudes que nos roubam a dádiva do agora, impedindo-nos de viver momentos inesquecíveis:

- *Projeções*. Como vimos na primeira parte do livro, as viagens da mente ao passado (local de dor e ressentimento), ou ao futuro (sede do medo e das preocupações), nos afastam do momento presente.
- *Distrações*. O agora só será vivido com plenitude se não tentarmos fazer várias coisas ao mesmo tempo. O homem que passeia pelo bosque enquanto atualiza as redes sociais no celular não está no instante. Na verdade, nem sequer está no bosque.
- *Fadiga*. O descanso imperfeito e o excesso de trabalho comprometem nosso desejo de desfrutar o momento presente. No primeiro caso, porque o sono nos atormenta. No segundo, porque estamos tão ativos mentalmente que não conseguimos baixar o grau de excitação para viver no agora. Um exemplo simples ocorre quando saímos correndo do escritório para ir ao cinema, pois queremos muito ver o filme, mas, assim que nos sentamos, não conseguimos nos concentrar no que acontece diante de nossos olhos, perturbados pelos problemas com que estávamos lidando no trabalho e que continuam em nossa cabeça.

- *Impaciência.* Querer precipitar os acontecimentos – por exemplo, um rapaz que não consegue esperar o primeiro beijo da amada – também nos tira do agora. O *Ichigo-ichie* exige entrega ao que estamos vivendo, sem expectativas de nenhuma espécie. O que está acontecendo é o melhor que podemos viver, porque estamos vivendo *agora*.
- *Análise.* Há um dito popular que prega: "*Se quiseres ser feliz como dizes, não analises.*" Sem dúvida, quando tentamos dissecar o momento, acabamos por matá-lo. Por que procurar significado em tudo? O desejo de entender por que algo nos deixa felizes arruína na mesma hora a felicidade. A alegria do momento não pode ser definida, dissecada, compreendida, só vivida.

Quando o tempo para

Já lhe aconteceu, no meio de uma atividade agradável, sentir que o tempo perdeu o sentido? Quando mergulhamos n'água, só existe o corpo entrando no frescor de outro elemento; do mesmo modo, quando fluímos com uma atividade que nos absorve, saímos mentalmente do tempo.

Quando perguntavam a Einstein sobre a relatividade do tempo, ele a explicava assim: "*Se alguém se sentar por um segundo em uma chapa quente, parecerá uma hora. Mas, se uma moça bonita se sentar em seu colo durante uma hora, parecerá um segundo. Isso é relatividade!*"

De fato, cada momento de *Ichigo-ichie* nos situa na atemporalidade. Portanto, medir o tempo perde sentido porque, como no exemplo de Einstein, uma hora talvez nos pareça um segundo e, sem dúvida, a lembrança dessa experiência poderá sobreviver por dias em nossa mente. Às vezes, sobrevive a vida inteira.

Afinal, quando vivemos o fluxo, quando fluímos totalmente na vida, nos mergulhamos na atemporalidade. Tempo e mundo parecem sumir.

Já estamos perto do *kenshō* e do *satori*, que veremos agora.

O *satori* segundo D. T. Suzuki

Quando o presente se apodera de todo o nosso ser, convertendo em ilusão não só o passado e o futuro, mas também o mundo físico, o zen considera que alcançamos o *satori*.

Esse estado de iluminação instantânea, que às vezes chega de maneira totalmente imprevista, é a "razão de ser" dos praticantes do zen: capturar um momento que incorpore toda a beleza e a compreensão do universo.

Daisetsu (título que significa "Grande Simplicidade", conferido a Suzuki por seu mestre zen Soyen Shaku) Teitaro Suzuki, responsável pela chegada do zen aos Estados Unidos, publicou os primeiros livros em inglês que tornaram esse ramo do budismo japonês acessível aos norte-americanos.

Renunciando à parafernália de outras escolas do budismo – símbolos, rituais e textos sagrados –, Suzuki afirmava que, "*para submergir no zen, só é necessário concentrar-se na respiração, em um movimento ou em uma paisagem imutável, como uma parede branca*".

Segundo Suzuki, o *satori*, ou seja, a iluminação imediata buscada pelos praticantes do zen, apresenta as seguintes características:

1. *É irracional.* Não pode ser alcançado por meio da lógica, pois desafia todo raciocínio intelectual. Quem experimentou o *satori* não consegue explicá-lo de maneira coerente ou lógica.
2. *É intuitivo.* O *satori* não pode ser explicado; só vivido e sentido.
3. *É direto e pessoal.* Caracteriza-se por uma percepção que surge na parte mais interna da consciência.
4. *É afirmação de vida.* Supõe a aceitação de tudo o que existe, de todas as coisas à medida que surgem, independentemente dos valores morais que agreguem.
5. *Dá uma ideia de algo maior.* Quando experimentamos o *satori*, sentimos que ele está enraizado em outro lugar. A carapaça individual em que a personalidade se encerra tão solidamente explode no momento de viver o *satori*. A sensação que se segue é de completa libertação ou de completo descanso, de que finalmente chegamos a nosso destino.
6. *Tem um tom impessoal.* Nas palavras de Suzuki: "*Talvez o aspecto mais notável da experiência zen seja que ela não tem uma conotação pessoal, como as experiências místicas cristãs.*"

7. *Envolve uma sensação de exaltação.* Quando se rompe a limitação de ser alguém individual, experimenta-se uma expansão infinita do ser.
8. *É momentânea.* "*O satori é encontrado de repente*", afirma Suzuki, "*e é uma experiência momentânea e passageira. De fato, se não for repentino e momentâneo, não é* satori."

SATORI E KENSHŌ

O *satori*, que significa literalmente "compreensão", é a palavra que o zen usa para se referir a um tipo de despertar ou de iluminação. Outro termo do budismo japonês que se refere ao estado de iluminação é *kenshō*.

As diferenças entre o *kenshō* e o *satori* têm sido muito discutidas por vários autores. Segundo D. T. Suzuki, *kenshō* é uma experiência momentânea na qual a pessoa vê através de um túnel sua própria natureza, enquanto *satori* implica uma transformação mais profunda.

No entanto, ambos são estados a que nossa consciência pode chegar para se conectar com o presente e com nossa verdadeira natureza, que é Una com o Universo, em vez de ser arrastada pela ansiedade.

E mesmo que não cheguemos a tais estados de iluminação, é possível que nos aproximemos deles com qualquer prática meditativa.

Uma meditação zen

Nós, autores deste livro, já praticamos diversos tipos de meditação no decorrer da vida: *zazen*, atenção plena e *metta-bhavana*, entre outras. Não temos preferência específica por nenhuma, mas comprovamos que todas são boas ferramentas para viver mais no presente.

Se você ainda não se iniciou nessas práticas, procure aquela que se adapte melhor a seu modo de ser e com a qual se sinta bem. No início, talvez seja útil contar com um mestre ou instrutor que lhe oriente sobre a posição do corpo e tire as dúvidas que possam surgir. Assim, logo você poderá incorporar a meditação a sua rotina diária sem a ajuda de ninguém.

Para os muito agitados, existem até aplicativos de celular para a prática da atenção plena, nem que seja durante cinco minutos por dia.

Vamos encerrar este capítulo com o modelo de uma meditação zen clássica que pode ser praticada em qualquer lugar. Bastam vinte minutos diários para obter grandes avanços na serenidade e na capacidade de capturar o momento.

1. Sente-se em um lugar tranquilo e onde ninguém vá perturbá-lo. Se já tiver prática, use uma almofada de meditação, embora uma cadeira também sirva. Sente-se confortavelmente, mas com as costas retas.
2. Volte toda a sua atenção ao ar que entra e sai, devagar e em silêncio, pelas fossas nasais. Concentre-se nesse processo que lhe dá a vida.

3. Para ajudar na concentração, conte as inspirações e as expirações em grupos de dez. Se em algum momento se perder ou se um pensamento o arrastar para o passado ou o futuro, recomece a contagem.
4. Não se preocupe se, enquanto estiver meditando, surgirem variados pensamentos. Considere-os nuvens passageiras. Lembre-se de que você não é seus pensamentos. Deixe que passem sem julgá-los.
5. Se durante a meditação – a princípio, bastam vinte minutos por dia – você só conseguir manter a mente sem pensamentos por alguns segundos, considere um sucesso. Depois de meditar, acabará se sentindo restaurado, como se tivesse dormido por muitas horas.
6. Não passe da meditação à atividade de forma brusca. Quando a sessão terminar – ponha um alarme ou um despertador no celular –, dê um tempo para o corpo despertar antes de se levantar para retomar seus afazeres.

O que aconteceria se...?

Um dos romances que mais levaram os autores deste livro à reflexão foi *The Magus* (O mago), que John Fowles dedicou vinte anos a escrever. A obra conta a história de Nicholas, um jovem entediado com a vida em Londres que aceita um emprego como professor de inglês em uma ilha grega distante.

Lá, ele conhece um personagem misterioso, Conchis, um milionário excêntrico que converte cada encontro em um jogo, confundindo, assim, as fronteiras entre realidade e sonho.

Ao ler esse romance, ambos concordamos que, para criar cenários e situações delirantes, o "mago" é motivado pela rejeição da realidade apática da ilha, onde ninguém se atreve a ultrapassar os limites do previsível.

Por esse motivo, ele aplica a seguinte máxima: "*Se a realidade não lhe agrada, crie outra onde possa viver.*" Ambos seguimos várias vezes essa ideia, e o resultado foi a promoção de mudanças radicais, inclusive de residência e de profissão, e a descoberta de lugares remotos, como a aldeia que inspiraria nosso livro *Ikigai*.

Uma pergunta mágica

Assim como damos papel e lápis de cor às crianças entediadas para que façam surgir novos mundos, nós, adultos, também precisamos, com frequência, criar realidades diferentes para fugir do tédio.

Todas as pessoas têm o músculo da criatividade. No entanto, algumas o usam, outras não.

Há quem pense que não é criativo. Mas não existe pessoa que não seja criativa, pois o homem foi feito para se adaptar, inventar, aprender, transformar e transformar-se... A vida de qualquer ser humano implica um ato de criação constante desde o nascimento.

Quando sentimos que tudo nos aborrece, que não temos esperança ou estímulos, devemos recorrer a uma pergunta mágica que Gianni Rodari, pedagogo e escritor italiano, considerava o segredo tanto para escrever uma história quanto para reinventar o roteiro da própria vida:

O que aconteceria se...?

Ao responder a essa pergunta, abrimos as comportas do fluxo criativo para sair do bloqueio e passar a um mundo com *Ichigo-ichie*. Vejamos exemplos da utilização desse recurso em três situações comuns de apatia vital:
1. *Faz tempo que meu trabalho me aborrece, e não vejo saída.* O que aconteceria se, depois de pedir uma licença ou poupar para *me sustentar* durante alguns meses, eu me demitisse e fosse explorar outras possibilidades?

2. *Meu cônjuge e eu discutimos constantemente; às vezes, evitamos conversar para não acabar brigando.* O que aconteceria se, um dia por semana, brincássemos de ilha da harmonia e nos propuséssemos o desafio de não dizer nada negativo – queixas, críticas, reclamações – enquanto durasse a sessão?

3. *Estou em crise e sinto que minha vida não me agrada, embora não saiba por quê.* O que aconteceria se eu me permitisse ser outra pessoa, até muitas pessoas distintas, nos próximos meses?

No momento em que transformamos nosso mal-estar na pergunta "*O que aconteceria se...?*", trocamos a apatia pelo movimento vital, pois formular hipóteses criativas sobre nossa vida representa o passo prévio para promover mudanças.

O que aconteceria se, depois de ler este livro, você aplicasse mudanças reais a sua forma de viver? O que aconteceria com sua vida?

A fórmula do *Ichigo-ichie*

Chegamos ao fim deste livro, que esperamos que sirva de inspiração para, a partir de agora, desfrutarmos muitos momentos inesquecíveis ao lado das pessoas importantes para nós – começando com nós mesmos.

Iniciamos esta aventura em uma antiga casa de chá de Quioto, atentos às mensagens de amor que mandavam o vento e a chuva, como dizia o mestre Ikkyu. Uma flor de *sakura* daquela primavera nos serve para sintetizar a fórmula do *Ichigo-ichie*, com os ingredientes vistos no decorrer destas páginas.

© Héctor García e Francesc Miralles

CELEBRAÇÃO
LUGAR INSPIRADOR
一期会
ICHIGO-ICHIE
BOA COMPANHIA
ATEMPORALIDADE
ATENÇÃO PLENA

Uma **celebração** como o *chanoyu*, quando emotiva, fica gravada em nosso coração. Como afirmou a escritora Maya Angelou: *"As pessoas esquecerão o que você disse e fez, mas nunca esquecerão como as fez se sentirem."* Para conseguirmos isso, precisamos nos converter em mestres de cerimônia de nossa própria vida, dando-lhe sentido e assumindo um roteiro a cada instante, e assim criando, a partir do aqui e agora, o que alimentará a saudade futura. Portanto, conforme Scott Matthew diz em uma de nossas canções favoritas: *"Torne isso bonito agora!"*

A **boa companhia** também é essencial para o *Ichigo-ichie*, pois há pessoas desprovidas da alegria de viver e, com sua negatividade, são capazes de arruinar qualquer festa ou encontro. Se tiver a oportunidade de escolher, rodeie-se de pessoas alegres e positivas, que valorizem e compartilhem a beleza de cada instante, e que, além disso, tenham a capacidade de escutar.

E, se estiver a sós, seja uma boa companhia para si mesmo! Com a disposição de espírito adequada, um chá sozinho pode se transformar em uma festa inesquecível.

Procure um **lugar inspirador** para o encontro, porque há espaços que promovem os melhores sentimentos e diálogos: um café charmoso, um restaurante que nos traga recordações da infância, uma rua solitária com clima de outra época, parques que, carregados de poesia e frescor, acariciam nossos sentidos...

Também podemos transformar nossa casa, inclusive nosso ambiente de trabalho, em um templo do *Ichigo-ichie*. Iluminação agradável – talvez a candura das velas ao entardecer –, quadros e figuras que nos evoquem emoções positivas, músicas que deixem nosso coração em boa sintonia... Se soubermos criar o embrulho adequado, o presente será nossa dádiva.

A **atenção plena** nos permitirá experimentar com os cinco sentidos o que estiver acontecendo. Nenhum momento será memorável se não prestarmos atenção nele, se não estivermos plenamente presentes.

Por isso, o *Ichigo-ichie* depende de nossa capacidade de escutar, olhar, tocar, cheirar e saborear cada instante, fazendo uma só coisa de cada vez, e com toda a alma, como se fosse nossa última ação nesta terra.

A **atemporalidade** virá por si só se nos entregarmos à experiência por completo, como a união das pétalas dessa flor de *sakura*. Um ritual que desperte as emoções com a melhor companhia – mesmo que seja a nossa –, no lugar perfeito e com a disposição mental adequada, nos fará fluir.

E nesse fluxo desaparecerão o ontem e o amanhã, levando-nos a sentir que o tempo é capaz de parar em um momento especial. Talvez tenhamos até um *satori*.

Para ajudar todo esse processo a acontecer, deixemos relógios e celulares em uma caixa. O instante, um amante ciumento, exige nossa entrega total.

Cada momento é um pequeno oásis de alegria.

E muitos oásis juntos acabam formando um mar de felicidade.

Os dez princípios do *Ichigo-ichie*

Terminaremos nossa cerimônia conjunta com dez princípios que resumem a filosofia aprendida neste livro:

1
Não adie os bons momentos

Como o caçador do conto que encontra abertas as portas de Shambala, lembre-se de que cada oportunidade nos é oferecida uma única vez. Se não a abraçarmos, acabaremos perdendo-a para sempre. A vida é uma questão de agora ou nunca.

2
Viva como se o momento fosse acontecer uma única vez na vida

O conselho milenar do mestre do chá continua válido. Por isso, é inspirador saudar nossos entes queridos e nos despedir deles com um *"Ichigo-ichie"* para tomar consciência de que esse encontro é único e não irá se repetir.

3
Mergulhe no agora

As viagens ao passado e ao futuro são muitas vezes dolorosas e quase sempre inúteis. Não se pode mudar o que já ocorreu. Não se pode saber o que acontecerá. Porém, é neste momento que pulsam todas as possibilidades do mundo.

4
Faça algo que nunca fez

Como bem disse Einstein, não se pode esperar um resultado diferente agindo sempre do mesmo modo. Outra maneira de obter um momento inesquecível é se entregar ao *kaika* e permitir que algo novo floresça em você.

5
Pratique o zazen

Você pode se acomodar em uma almofada de meditação ou, simplesmente, sentar-se e observar o milagre da vida. Apenas sair do turbilhão cotidiano de pressa e obrigações já abre as comportas do bem-estar.

6
Aplique a atenção plena
aos cinco sentidos

Treine a arte de escutar, olhar, tocar, saborear e cheirar para conferir a cada momento toda a riqueza das percepções humanas. Isso também o tornará mais atento aos outros e aumentará sua empatia e influência.

7
Perceba as coincidências

Ser consciente das sincronicidades nos ajuda a ler melhor os sinais que o destino nos envia. Assim, ter um diário para anotar esses momentos de magia cotidiana aumentará nossa capacidade de acompanhar os fios invisíveis da realidade.

8
Converta cada encontro em uma festa

Não espere que surjam as condições ideais – férias, viagens, aniversários – para viver o extraordinário. Com a disposição adequada, todo dia pode ser domingo.

9
Se não gosta do que faz, crie algo diferente

O ser humano é transformador por natureza e tem o poder de reinventar-se quantas vezes forem necessárias. Se sua realidade é entediante e previsível demais para viver com *Ichigo-ichie*, crie outra.

10
Seja um caçador
de bons momentos

Como em qualquer ofício, quanto mais você treinar, mais abundantes e generosas serão as recompensas.

Muito obrigado por nos acompanhar até aqui. Esse foi só o princípio. Quando fechar o livro, você abrirá a vida, e muitos momentos inesquecíveis o esperam. *Ichigo-ichie!*

HÉCTOR GARCÍA E FRANCESC MIRALLES

Agradecimentos

A Anna Sólyom, pelo apoio no longo processo que levou a este livro, e por ser nossa primeira leitora e comentarista.

A Ana Gázquez, que compartilhou suas descobertas sobre a percepção humana.

A Cristina Benito, mestre de cerimônias de nossa apresentação em Londres; a nosso "irmão" Andrés Pascual, pelos conselhos e pela hospedagem em seu apartamento em Notting Hill.

A Maria White, Joe Lewis e Patrick Collman, cujo talento contribuiu para mostrar este projeto ao mundo.

A nossas talentosas agentes, Sandra e Berta Bruna, e a todos os seus colaboradores, por levarem nossos livros a todos os rincões do planeta.

Aos editores de *Ikigai, El método ikigai* e *Shinrin-yoku*, agradecemos a paixão com que divulgam nossos livros e a amabilidade permanente conosco.

A todas as pessoas que leem nossas obras, que dão sentido e motivação a nosso trabalho.

Bibliografia

OUTROS LIVROS DOS AUTORES

García, H.; Miralles, F. *Shinrin-yoku, el arte japonés de los baños de bosque*. Planeta, 2018.

García, H.; Miralles, F. *El método Ikigai*. Aguilar, 2017.

García, H.; Miralles, F. *Ikigai. Os segredos dos japoneses para uma vida longa e feliz*. Intrínseca, 2018.

García, H. *Um nerd no Japão*. JBC, 2010.

Miralles, F. *Wabi-Sabi*. Record, 2017.

LIVROS CONSULTADOS

Anônimo. *Heike monogatari*. Gredos, 2006.

Auster, P. *O caderno vermelho*. Companhia das Letras, 2009.

Chino Otogawa, K. *Embracing Mind*. Jikoji Zen Center, 2016.

Cyrulnik, B. *Os patinhos feios*. Martins Fontes, 2004.

Donne, J. *Antología bilingüe*. Alianza, 2017.

Fowles, J. *El mago*. Anagrama, 2015.

Gladwell, M. *Fora de série*. Sextante, 2011.

Jung, C. *Sincronicidade – a Dinâmica do Inconsciente* (Vol. 8/3 – Coleção Obra Completa). Vozes, 2011.

Kabat-Zinn, J. *Vivir con plenitud las crisis*. Kairós, 2018.

Kakuzo, O. *O livro do chá*. Pensamento, 2009.
Lindahl, K. *The Sacred Art of Listening*. Skylight Paths, 2001.
Lorenz, E. *La esencia del caos*. Círculo de lectores, 1996.
Martín Asuero, A. *Con rumbo propio*. Plataforma, 2013.
Nhat Hanh, T. *El milagro del mindfulness*. Oniro, 2014.
Proust, M. *No caminho de Swann*. Biblioteca Azul, 2016.
Rodari, G. *Gramática de fantasia*. Summus, 2003.
Suzuki, D. T. *Zen Buddhism. Selected Writings of D. T. Suzuki*. Doubleday, 2018.
Zimbardo, P.; Boyd, J. *O paradoxo do tempo*. Fontanar, 2009.

CONHEÇA ALGUNS DESTAQUES DE NOSSO CATÁLOGO

- Augusto Cury: Você é insubstituível (2,8 milhões de livros vendidos), Nunca desista de seus sonhos (2,7 milhões de livros vendidos) e O médico da emoção
- Dale Carnegie: Como fazer amigos e influenciar pessoas (16 milhões de livros vendidos) e Como evitar preocupações e começar a viver
- Brené Brown: A coragem de ser imperfeito – Como aceitar a própria vulnerabilidade e vencer a vergonha (600 mil livros vendidos)
- T. Harv Eker: Os segredos da mente milionária (2 milhões de livros vendidos)
- Gustavo Cerbasi: Casais inteligentes enriquecem juntos (1,2 milhão de livros vendidos) e Como organizar sua vida financeira
- Greg McKeown: Essencialismo – A disciplinada busca por menos (400 mil livros vendidos) e Sem esforço – Torne mais fácil o que é mais importante
- Haemin Sunim: As coisas que você só vê quando desacelera (450 mil livros vendidos) e Amor pelas coisas imperfeitas
- Ana Claudia Quintana Arantes: A morte é um dia que vale a pena viver (400 mil livros vendidos) e Pra vida toda valer a pena viver
- Ichiro Kishimi e Fumitake Koga: A coragem de não agradar – Como se libertar da opinião dos outros (200 mil livros vendidos)
- Simon Sinek: Comece pelo porquê (200 mil livros vendidos) e O jogo infinito
- Robert B. Cialdini: As armas da persuasão (350 mil livros vendidos)
- Eckhart Tolle: O poder do agora (1,2 milhão de livros vendidos)
- Edith Eva Eger: A bailarina de Auschwitz (600 mil livros vendidos)
- Cristina Núñez Pereira e Rafael R. Valcárcel: Emocionário – Um guia lúdico para lidar com as emoções (800 mil livros vendidos)
- Nizan Guanaes e Arthur Guerra: Você aguenta ser feliz? – Como cuidar da saúde mental e física para ter qualidade de vida
- Suhas Kshirsagar: Mude seus horários, mude sua vida – Como usar o relógio biológico para perder peso, reduzir o estresse e ter mais saúde e energia

sextante.com.br